KB207020

지금 바로 시작하는
마음챙김 명상

지금 바로 시작하는

마음챙김 명상

START HERE, START NOW

A Short Guide to Mindfulness Meditation

헤네폴라 구나라타나 지음
조인숙, 이재석 옮김

마음친구

목차

1
왜 굳이 명상을?

명상은 쉽지 않습니다. 시간을 들여야 하며 노력도 기울여야 합니다. 결심과 끈기, 자기 규율도 필요합니다. 명상은 우리가 평소 달가워하지 않고 가능한 피하고 싶은 여러 가지 개인적인 자질을 필요로 합니다. 그러니 힘들게 명상하기보다 그냥 소파에 앉아 텔레비전이나 보는 편이 훨씬 나을 것 같습니다. 그렇다면 왜 굳이 명상을 할까요? 그저 즐기며 시간을 보내면 되지, 왜 명상에 시간과 노력을 들일까요? 답은 간단합니다. 당신이 인간이기 때문입니다.

당신이 인간이라는 아주 단순한 사실만으로 당신은 삶에서 쉬 사라지지 않는 내면의 불만족을 물려받은 존재가 됩니다. 삶의 불만족을 잠시 억누른 채 인식하지 않을 수는 있습니다. 불만족이 아닌 다른 곳으로 한동안 관심을 돌릴 수도 있습니다. 하지만 삶의 불만족은 기어코 다시 당신을 찾아올 것입니다. 그것도 당신이 가장 예상하지 못한 때에 말입니다. 당신은 자리에서 벌떡 일어나 정신을 차리고는 자신이 처한 삶의 실제 상황을 별안간 깨닫게 될 것입니다.

이런 당신에게 무엇이 잘못된 걸까요? 당신이 아주 별난 사람이라서 그럴까요? 아니면 신경 쇠약에라도 걸린 걸까요? 당신은 모든 걸 엉망으로 처리하는 사람일까요? 아닙니다. 당신은 그저 한 사람의 '인간'일 뿐입니다. 사실, 당신은 인간이라면 누구나 감염된 질병을 앓고 있을 뿐입니다. 그 질병은 다양한 얼굴을 한 채 우리 모두의 내면에 자리 잡고 있는 괴물입니다. 만성적인 긴장, 자신과 주변 사람에 대한 참된 사랑의 결핍, 꽉 막힌 감정으로 무감각해진 상태 등 수많은 증상이 그 괴물의 얼굴입니다.

우리 중 누구도 삶의 불만족에서 자유롭지 못합니

왜 굳이 시간과 노력을 들여
명상을 할까요?
그것은 당신이 인간이기 때문입니다.

당신이 인간이라는
단순한 사실만으로
당신은 삶에서 쉬 사라지지 않는
내면의 불만족을 물려받은
존재가 됩니다.

"아직 충분하지 않아.
더 가져야 해.
지금보다 나은 상태가 되어야 해."

불만족은
우리 마음의 뒤편에서
속삭이는 괴물과 같습니다.

다. 그럼에도 우리는 마치 그것이 존재하지 않는 척하며 살아갑니다. 삶의 불만족에서 도망가려고 합니다. 다양한 문화를 만들어 삶의 불만족에서 달아나고자 합니다. 마치 불만족이 없는 듯 여기면서 말입니다. 우리는 온갖 목표와 계획, 자신의 사회적 지위에 대한 관심과 걱정으로 삶의 불만족으로부터 고개를 돌립니다.

그러나 그렇게 한다고 해서 삶의 불만족이 사라지는 것은 아닙니다. 불만족은 우리가 일으키는 모든 생각과 인식의 밑바닥에 언제나 흐르고 있습니다. 그것은 마음의 뒤편에서 나지막한 목소리로 끊임없이 속삭입니다. "아직 충분하지 않아. 더 가져야 해. 더 좋게 만들어야 해. 지금보다 나은 상태가 되어야 해." 이것은 괴물입니다. 미묘한 모습으로, 그리고 어떤 때는 분명한 모습으로 어디서든 나타나는 괴물입니다.

우리의 모든 경험은 본질상 변화의 속성을 갖고 있습니다. 모든 것은 끊임없이 변화하고 있습니다. 삶은 매순간 흘러가고 있으며, 어느 순간도 결코 똑같지 않습니다. 우리가 지각하는 세상은 본질적으로 끊임없이 변화하며 흔들리고 있습니다. 어느 순간, 생각 하나가 머릿속에 떠오릅니다. 그 생각은 1초도 되지 않아 사라집니다. 그러면 또 다른 생각이 나타납니다. 그 생각도 이내 모습을 감춥니다. 이제 소리가 당신의 귓전을 때립니다. 그러다 고요한 침묵이 이어집니다. 문득 눈을 뜨면 온 세상이 두 눈을 통해 쏟아져 들어옵니다. 눈을 감으면 온 세상이 사라집니다. 사람들도 당신의 삶 속으로 들어왔다 나갑니다. 친구는 떠나고, 가족도 죽습니다. 재산도 늘었다 줍니다. 어떤 때는 이기고, 어떤 때는 집니다. 이처럼 모든 것이 끊임없이 변화합니다. 완전히 똑같은 두 순간은 결코 없습니다.

여기에 조금도 잘못된 점은 없습니다. 변화는 우주의 본질적 속성입니다. 그런데 인간이 만든 문화는, 멈추지 않는 이런 변화의 흐름에 다소 기이한 방식으로 반응하도록 우리를 가르쳐 왔습니다. 우리는 자신의 경험을 일정한 범주로 분류합니다. 끊임없는 삶의 흐름에서 일어나는 지각과 정신적 변화를 세 가지 정신적 분류함에 집어넣습니다. '좋은 것', '나쁜 것', '좋지도 나쁘지도 않아 관심을 가질 필요가 없는 것'의 세 범주가 그것입니다. 이 중 어느 상자에 집어넣느냐에 따라 우리는 일련의 정해진 반응을 마음속에서 습관적으로 일으키며 대상을 지각합니다.

우리는 자신의 경험을
'좋은 것' '나쁜 것'
'좋지도 나쁘지도 않은 것'으로
구분합니다.

어디에 집어넣느냐에 따라
우리는 그에 따른 습관적인 반응을
일으키며 삽니다.

우리는 쾌락을 좇고
고통에서 달아나며
경험의 90퍼센트를 무시하며 삽니다.

삶이 그토록 밋밋하게 느껴지는 것도
이상한 일이 아닙니다.

특정한 지각에 '좋은 것'이라고 이름을 붙이면 우리는 거기에 시간을 붙들어 매려 애씁니다. 그 생각을 붙잡고 애지중지하며 단단히 부여잡습니다. 그것이 사라지지 않도록 애를 씁니다. 그 방법이 통하지 않으면 그 생각을 일으킨 경험을 반복하고자 무던히 노력합니다. 이런 마음 습관을 '움켜쥐기'라고 합시다. 한편 '좋은 것' 상자의 반대편에는 '나쁜 것'이라고 이름 붙인 상자가 있습니다. 어떤 것을 '나쁜 것'으로 지각할 때 우리는 그것을 밀쳐내려고 애를 씁니다. 그것을 부정하고 거부하며 고치려고 합니다. 어떤 방법을 써서라도 없애고자 합니다. 자신의 경험에 맞서 싸웁니다. 자신의 일부로부터 도망갑니다. 이런 마음 습관을 '밀쳐내기'라고 합시다.

한편 '움켜쥐기'와 '밀쳐내기'의 두 반응 사이에 또 하나의 분류함이 있습니다. '무덤덤함'이라는 이름의 상자가 그것입니다. 우리는 좋지도 싫지도 않은 경험을 '무덤덤함'의 상자에 모조리 집어넣습니다. 어정쩡하고 뜨뜻미지근한 것은 무엇이든 이곳에 들어갑니다. 무덤덤한 것에 신경 쓰지 않도록 우리는 그것들을 이 상자에 집어넣고는 행동이 존재하는 곳, 즉 우리의 욕망과 혐오가 끊임없이 굴러가는 곳으로 관심을 향합니다. 그런 나머지 '무덤덤한' 경험은 그것이 받아야 할 마땅한 관심을 받지 못합니다. 이런 마음 습관을 '무시하기'라고 합시다.

우리가 지닌 이런 광기의 직접적인 결과가 있습니다. 그것은 쳇바퀴처럼 달리지만 어디에도 이르지 못한다는 사실입니다. 우리는 끊임없이 쾌락을 추구하고 고통으로부터 달아나려 합니다. 이렇게 자기 경험의 90퍼센트를 계속 무시하며 살아갑니다. 그러니 삶이 그토록 밋밋하게 느껴지는 것도 이상하지 않습니다. 그런데 이런 시스템은 궁극적으로 제대로 작동할 수 없습니다.

쾌락과 성공을 아무리 열심히 좇아도 실패하는 때가 있습니다. 고통에서 아무리 달아나려 해도 고통이 당신을 따라잡는 때가 옵니다. 게다가 그 중간에는 삶이 미치도록 지겨워 절규하고 싶은 때도 있습니다. 또 우리의 마음은 온갖 견해와 비판으로 가득 차 있습니다. 우리는 자기 주변에 벽을 세우고는 좋아하는 것과 싫어하는 것의 감옥에 갇힌 채 지냅니다. 이렇게 우리는 고통을 겪습니다.

당신이 원하는 모든 것을 얻을 수는 없습니다. 그

다른 선택지가 있습니다.
욕망과 혐오라는 끝없는 굴레의
바깥으로 나오는 방법이 그것입니다.

당신은 당신이 '원하는' 것을
'원하지 않는' 법을 배울 수 있습니다.

것은 불가능한 일입니다. 다행히도 당신에게 다른 선택지가 있습니다. 마음을 제어하는 법을 배워 욕망과 혐오라는 끝없는 굴레의 바깥으로 나오는 방법이 그것입니다. 당신이 '원하는' 것을 '원하지 않는' 법을 배울 수 있습니다. 당신 안에 일어나는 욕망을 인식하되 거기에 지배당하지 않는 법을 배울 수 있습니다.

그렇다고 길에 누워 사람들이 당신을 밟고 지나도록 그냥 두라는 의미는 아닙니다. 당신은 지금처럼, 누가 보아도 정상적인 삶을 살면서도, 지금까지와 완전히 다른 관점을 지니고 살 수 있습니다. 한 사람으로 해야 할 일을 하면서도 자신의 욕망이 지닌 강박적이고 충동적인 성격에서 벗어날 수 있습니다. 어떤 것을 원하되, 그것을 뒤쫓아 가지 않을 수 있습니다. 어떤 것을 두려워하되 그것이 무서워 자리에서 꼼짝도 못하며 벌벌 떨지 않을 수 있습니다. 물론 이런 종류의 마음 계발은 결코 쉽지 않으며 오랜 시간이 걸릴 수도 있습니다. 그러나 모든 것을 통제하려는 시도는 아예 불가능합니다. 불가능한 것보다 어려운 것이 낫습니다.

당신 자신을 있는 그대로 정확하게 보지 않으면 삶의 패턴에 근본적인 변화를 일으킬 수 없습니다. 있는 그대로의 자신을 바르게 보는 순간, 변화는 자연스럽게 따라올 것입니다. 어떤 것도 억지로 하거나 애쓸 필요가 없습니다. 권위 있는 사람의 지시와 규칙이라고 해서 반드시 따라야 하는 것은 아닙니다. 자신을 바르게 볼 때 변화가 일어납니다. 그 변화는 자동적입니다. 그때 당신은 자연스럽게 변화할 것입니다.

그런데 최초의 통찰에 이르기란 쉬운 일이 아닙니다. 당신 자신이 누구인지 보아야 합니다. 망상과 판단, 저항이 사라진 자신이 어떤 모습인지 직접 보아야 합니다. 사회 속에서 당신의 위치와 사회적 존재로서 당신의 역할을 알아야 합니다. 동료 인간에 대한 당신의 의무에 대해 알아야 하며, 무엇보다 다른 사람과 함께 살아가는 개인으로서 당신 자신에 대한 책임을 알아야 합니다. 그리고 최종적으로는 이 모든 것을 하나로, 즉 환원 불가능한 상호관계성 속에서 분명히 볼 수 있어야 합니다. 이것은 복잡해 보여도 한 순간에 일어날 수 있는 일입니다. 명상을 통한 마음 계발은 이런 종류의 앎과 평온한 행복을 얻는 데 있어 다른 어떤 방법과도 견줄 수 없는 효과적인 방법입니다.

이 점에서 명상을 '위대한 스승'이라고 부릅니다.

명상 수행에 들어갈 때의 '당신'과
명상 수행을 하고 난 뒤의 '당신'은
같을 수 없습니다.

명상은 자신의 생각과 말,
행동을 알아차리는 과정을 통해
우리의 성격을 변화시킵니다.

명상은 앎을 통해 느리지만 확실하게 작동합니다. 그것은 우리의 마음을 정화시키는 용광로와 같습니다. 명상을 통한 앎이 깊어질수록, 명상을 통해 더 유연하고 관대해질수록, 당신은 더 큰 사랑의 마음을 일으킬 수 있습니다. 완벽한 부모 또는 이상적인 교사가 됩니다. 기꺼이 용서하고 잊을 수 있습니다. 타인을 이해하는 당신은 그들에 대한 사랑을 느낍니다. 자신을 이해했기에 타인을 이해할 수 있습니다. 자신의 내면을 깊이 들여다보며 자기 망상과 자신이 가진 인간적 결점을 봅니다. 한 인간으로서 자신의 모습을 보면서 용서하고 사랑하는 법을 배웁니다. 자신에 대한 연민심을 내면 타인에 대한 연민심이 자동적으로 일어납니다. 능숙한 명상가는 삶에 대한 심오한 이해를 얻습니다. 그는 무조건적이고 깊은 사랑의 마음으로 세상과 관계 맺습니다.

명상은 새로운 땅을 개간하는 것과 같습니다. 숲을 밭으로 바꾸자면 먼저 나무를 자르고 그루터기를 뽑아야 합니다. 그런 뒤에 땅을 고르고 비료를 주어야 합니다. 그 다음에야 씨앗을 뿌리고 가꾸어 작물을 수확할 수 있습니다. 마음을 계발하는 것도 이와 비슷합니다. 마음을 계발하려면 우선 방해가 되는 여러 자극을 제거해야 합니다. 그것이 다시 자라지 못하도록 뿌리까지 뽑아야 합니다. 그런 뒤에 비료를 주어야 합니다. 마음이라는 흙에 노력과 규율을 불어넣어야 합니다. 그런 다음에야 씨앗을 뿌리고 그런 뒤에야 믿음과 계율, 마음챙김, 지혜라는 수확물을 거둘 수 있습니다.

우리가 명상에서 추구하는 목적은 개인적인 변화입니다. 명상 수행에 들어갈 때의 '당신'과 명상 수행을 하고 난 뒤의 '당신'은 같지 않습니다. 같을 수 없습니다. 명상은 자신의 생각과 말, 행동을 깊이 알아차리는 민감화(sensitization)의 과정을 통해 우리의 성격을 변화시킵니다. 오만함이 줄고 상대에 대한 적대감이 사라집니다. 삶이 더 부드럽게 흘러갑니다. 명상을 제대로 하면 삶의 피할 수 없는 기복에 더 잘 대처할 수 있습니다. 명상은 긴장, 두려움, 걱정을 줄여줍니다. 초조함이 사라지고 격정도 줄어듭니다. 모든 것이 제자리를 잡아가면서 당신의 삶은 힘든 투쟁이 아니라 부드럽고 자연스러운 순항이 됩니다. 이 모든 것이 명상 수행을 통한 앎으로부터 나옵니다.

명상에 관하여 사람들이 흔히 갖는 몇 가지 오해가 있습니다. 명상에 관한 오해는 애초부터 명상의 향상을 가로막는 선입견이라는 점에서 한 번에 다루는 것이 효과적입니다. 지금부터 그 오해들을 하나씩 살펴보며 풀어가려 합니다.

명상에 관한 오해 ❶
명상은 일종의 이완법에 불과하다.

사실 ▶ 이완은 명상의 유익한 부수효과일 뿐 명상

의 목적은 아닙니다.

명상을 하면 아무 생각도 일어나지 않는 무아지경에 이른다.

사실 ▶ 명상을 한다고 해서 마음을 완전히 비운, 의식 없는 상태가 되는 것은 아닙니다. 감정이 없는 식물인간이 되지도 않습니다. 실은 정반대입니다. 명상을 통해 자신의 감정 변화에 더 잘 조율할 수 있으며, 그렇게 해서 자신을 더 명료하고 정확히 알게 됩니다.

명상은 이성적으로 이해할 수 없는 신비한 수련이다.

사실 ▶ 명상은 개념적 사고보다 더 깊은 차원의 의식을 다룹니다. 따라서 명상 경험 중 일어나는 어떤 현상은 언어로 설명할 수 없습니다. 그렇다고 명상을 이해할 수 없는 것은 아닙니다. 명상은 실천을 통해, 즉 직접 수련해 봄으로써 이해해야 합니다. 명상은 언제나 일종의 탐구이자 실험, 모험입니다. 매 순간을 마치 우주의 처음이자 유일한 순간인 것처럼 보는 법을 익혀야 합니다.

명상은 위험하다.

사실 ▶ 천천히, 편안한 마음으로 명상한다면 수련
은 자연스럽게 향상할 것입니다. 무엇도 억지로 해
서는 안 됩니다. 이후에 유능한 교사의 엄밀한 검
토와 보호적 지혜 아래서 당신의 집중 명상 시간을
탐구한다면 수행의 향상에 속도가 붙을 것입니다.
그때까지는 편안하고 부드럽게 수행하십시오.

명상은 현실에서 달아나는 것이다.

사실 ▶ 명상은 삶의 고통으로부터 단절되는 것이
아닙니다. 오히려 명상은 우리로 하여금 삶과 삶이
지닌 온갖 측면 속으로 더 깊이 들어가게 합니다.
그렇게 해서 우리는 고통의 장막을 뚫고 지나 괴
로움을 넘어 나아갈 수 있습니다. 명상은 현실에서
달아나는 것이 아니라 현실 속으로 뛰어드는 것입
니다.

명상은 언제나 축복감을 느낄 수 있는 멋진 방법이다.

사실 ▶ '때로' 명상은 우리가 원하는 축복의 느낌을

선사합니다. 그러나 그것이 명상의 목적은 아닙니다. 언제나 축복감이 일어나는 것도 아닙니다. 축복감을 느끼려는 목적으로 명상한다면 알아차림을 키운다는 진짜 목적에서 명상할 때보다 축복감을 느낄 확률이 더 낮아집니다.

명상에 관한 오해 **❼**

명상은 이기적이다.

사실 ▶ 실제로 우리는 우리가 아는 것보다 더 이기적인 존재입니다. 그냥 놓아두면 우리의 에고(자아)는 고상한 활동조차 이기적 행동으로 변질시키고 맙니다. 명상을 통해 우리는 이기심을 행동으로 옮기는 온갖 방식에서 깨어날 수 있습니다. 있는 그대로의 자신을 알 수 있습니다. 자신의 이기적인 모습을 바르게 볼 때 진정으로 이타적인 존재가 됩니다. 이기적인 자기를 정화하는 작업은 이기적인 행동이 아닙니다.

명상에 관한 오해 **❽**

명상은 자리에 앉아 고상한 생각을 떠올리는 것이다.

사실 ▶ 앞에 말한 축복감과 마찬가지로, 명상 수행 중에 고상한 생각이 일어날 수 있습니다. 그것을 일부러 피할 필요는 없지만 추구할 필요도 없습니다. 고상한 생각은 그저 명상의 즐거운 부수효과일 뿐입니다. 일어나는 것은 일어나도록 두면 됩니다. 아주 간단합니다.

명상에 관한 오해 **❾**

명상을 하면 모든 문제가 사라진다.

사실 ▶ 안타깝게도 명상은 즉각적인 만병통치약이 아닙니다. 명상을 하면 곧바로 변화가 일어나기도 하지만 정말로 심오한 효과가 나려면 꽤 오랜 시간이 걸릴 수도 있습니다. 세상의 이치가 그렇습니다. 가치 있는 어떤 것도 하룻밤에 얻어지지 않습니다. 인내가 열쇠입니다. 명상으로 당신이 아무것도 배우지 못한다 해도, 인내 하나만큼은 배울 수 있을 것입니다. 인내는 우리가 바라는 모든 심오한 변화에 반드시 필요한 마음의 자질입니다.

3
마음챙김이란 무엇인가

이 책은 마음챙김 또는 알아차림을 직접적이고 점진적으로 계발하는 것에 관해 가르칩니다. 이런 종류의 수련을 전통적으로 위빠사나(vipassana) 명상이라고 합니다. 마음챙김의 과정을 통해 우리는 자아 이미지의 이면에서 자신이 정말로 누구인지 조금씩 자각하게 됩니다. 그렇게 해서 삶의 실제 모습에 깨어납니다. 삶은 단지 기복과 부침이 있는 퍼레이드만은 아닙니다. 삶은 달콤한 막대사탕만도 아니며, 통렬한 현실 자각만도 아닙니다. 제대로 들여다보고 똑바로 직시한다면 삶에는 훨씬 깊은 질감이 깃들어 있습니다.

마음챙김은 당신이 지금까지와 완전히 다른 방식으로 세상을 경험하게 해주는 마음 훈련입니다. 마음챙김을 통해 당신은 자신에게 어떤 일이 일어나는지, 자신의 주변과 내면에서 실제로 어떤 일이 벌어지고 있는지 처음으로 알게 될 것입니다. 마음챙김은 자기 발견의 과정이자 당신이 주인공이 되어 참여하는 탐구입니다. 마음챙김이라는 탐구를 통해 당신은 자신의 경험에 참여하면서 동시에 그것을 바라보는 관찰자의 자리에 섭니다. 즉 모든 것을 객관적으로, 있는 그대로 관찰하는 자신을 보게 됩니다. 매순간이 흐르고 변화하고 있음을 볼 것입니다. 그럴 때 삶은 말로 표현할 수 없는 커다란 풍요로움을 드러냅니다. 삶의 풍요로움은 오직 자신의 경험으로만 알 수 있는 무엇입니다.

마음챙김 수행을 통해 우리는 실재를 있는 그대로 보는 훈련을 합니다. 마음챙김이라는 훈련은 우리의 일상적 활동과는 완전히 다른 성격을 갖습니다. 생각과 개념의 장막을 통해 보는 것이 아니라 '있는 그대로' 본다는 점에서 그렇습니다. 평소 우리는 생각과 개념이라는 장막을 통해 세상을 봅니다. 그리고 그렇게 본 대상을 '실재'로 착각하며 삽니다. 우리는 끊임없는 생각의 흐

마음챙김을 통해 당신은
자신에게 어떤 일이 일어나는지
알게 됩니다.

자신의 주변과 내면에서
실제로 어떤 일이 벌어지고 있는지
처음으로 알게 됩니다.

름에 사로잡힌 나머지, 실재를 알아보지 못한 채 지나치고 맙니다. 갖가지 활동에 몰두한 상태에서 시간을 보냅니다. 끝없이 쾌락과 만족을 추구하고, 고통과 불쾌함으로부터는 계속 도망칩니다. 스스로 기분 좋게 느끼는 데 모든 에너지를 쏟습니다. 두려움은 파묻어 버리고, 끊임없이 안전을 추구합니다. 그러는 중에 실제로 경험하는 세계와 접촉하지 못합니다. 실제 경험을 음미하지 못한 채 지나쳐 버립니다.

그런데 마음챙김 명상을 통해 우리는 고치고 바꾸고 통제하려는 자신의 끝없는 충동에 반응하지 않는 연습을 합니다. 실재 속으로 곧장 뛰어드는 훈련을 합니다. 그렇게 할 때 진정한 평화를 발견할 수 있습니다. 진정한 평화는 그것을 추구하지 않을 때 찾아온다는 사실이야말로 커다란 역설이 아닐 수 없습니다. 안락함에 대한 끝없는 욕망을 내려놓을 때 진정한 만족감이 일어납니다. 만족에 대한 미친 듯한 추구를 내려놓을 때 삶의 진정한 아름다움이 모습을 드러냅니다. 환상을 걷고 실재를 알고자 할 때, 즉 온갖 고통과 위험으로 가득한 실재를 알고자 할 때 참된 자유와 안전이 나의 것이 됩니다. 이것은 교리나 도그마, 신앙이 아닙니다. 당신 스스로 볼 수 있고, 당신 스스로 보아야 하는, 관찰 가능한 실재입니다.

　마음챙김 명상을 통해 우리는 자신의 경험을 정확하게 살피는 법을 배웁니다. 생각과 지각이 느낌과 함께 일어나는 것을 관찰합니다. 그와 함께 자극에 대한 당신의 반응도 평온함과 명료함으로 바라봅니다. 반응에 휩쓸리지 않은 채 대응하는 자신을 보기 시작합니다. 이렇게 하면 생각이 지닌 강박적 성격이 차츰 줄어듭니다.

　생각이 지닌 강박적 성격에서 벗어나면 완전히 새로운 실재의 모습이 드러납니다. 패러다임의 전환이라고 할 만한 것입니다. 지각의 매커니즘에 있어 매우 근본적인 변화입니다. 이와 더불어 생각의 강박에서 풀려나는 축복감도 함께 찾아옵니다. 이런 유익함 때문에 불교에서는 이런 식으로 세상을 보는 것을 삶에 대한 '바른 견해'로 간주합니다. 세상 모든 것을 있는 그대로 보는 것입니다.

　이때의 '세상'에는 당신 자신도 포함됩니다. 당신 자신을 있는 그대로 보는 것입니다. 자신의 이기적 행동을 보고, 자신의 괴로움도 있는 그대로 봅니다. 당신 스스로 괴로움을 일으키고 있다는 사실도 똑바로 봅니다.

마음챙김 명상은
온갖 고통과 위험으로 가득한
실재 속으로 곧장 뛰어드는 훈련입니다.

실재를 알고자 할 때
참된 자유와 안전이 나의 것이 됩니다.

당신이 다른 사람에게 어떻게 해를 입히는지도 봅니다. 평소 자신에게 속삭이는 거짓말 속으로 들어가 거기에 실제로 무엇이 있는지 봅니다. 이처럼 있는 그대로 자신을 볼 때 세상에 지혜롭게 응대할 수 있습니다.

4

효과적인 명상 수행을 위한
10가지 조언

수행을 제대로 하려면 다음과 같은 태도가 필요합니다.

조언 ❶ 무엇도 기대하지 말라

그저 자리에 앉아 어떤 일이 일어나는지 지켜보십시오. 모든 것을 하나의 '실험'으로 여기십시오. 실험 자체에 적극적인 관심을 갖되, 실험 결과에 대해서는 크게 연연하지 않도록 하십시오. 실은 어떤 결과도 기대하지 않는 것이 좋습니다. 당신의 명상이 그 자체의 속도에 따라 자연스러운 방향으로 나아가도록 두십시오. 명상이 당신을 가르치게 하십시오. 명상적 자각은 있는 그대로의 실재를 보는 것입니다. 그렇게 본 실재가 나의 예상과 맞건 맞지 않건, 내가 가진 모든 선입견과 관념을 잠시 유보하는 것입니다. 명상 수행을 하는 동안은 내가 가진 이미지와 의견, 해석을 일시 접어두어야 합니다. 그러지 않으면 그것에 걸려 넘어질 것입니다.

조언 ❷ 긴장하지 말라

무엇도 억지로 하지 않도록 하십시오. 과도한 노력을 기울이지 않도록 하십시오. 명상은 공격적인 행위가 아닙니다. 과격하게 애쓸 필요가 없습니다. 편안하고 꾸준하게 노력하십시오.

조언 ❸ 서두르지 말라

서두를 필요가 없습니다. 편안하게 느긋하게 하십시오. 방석에 앉은 뒤에는 온 하루를 다 가진 듯 느긋하게 앉으십시오. 진정으로 가치 있는 것은 무엇이든 키우는 데 시간이 필요합니다. 인내, 인내, 인내하십시오.

조언 ❹ 어떤 것에도 집착하지 말고, 어떤 것도 거부하지 말라

당신에게 다가오는 것은 무엇이든 오도록 그냥 두

십시오. 그것이 무엇이든 거기에 당신을 맞추십시오. 마음속에 즐거운 이미지가 일어난다면 좋은 일입니다. 나쁜 이미지가 일어난다 해도 괜찮습니다. 모든 것을 평등하게 바라보십시오. 어떤 일이 일어나든 그것에 편안해지십시오. 당신이 경험하는 대상과 싸우지 마십시오. 그저 마음챙김으로 모든 것을 관찰하십시오.

조언 ❺ 내려놓으라

당신에게 일어나는 모든 변화와 더불어 흐르는 법을 배우십시오. 마음을 편히 하고 이완하십시오.

조언 ❻ 일어나는 모든 것을 받아들이라

당신에게 일어나는 느낌이 내키지 않더라도 받아들이십시오. 당신이 싫어하는 경험이라도 받아들이십시오. 인간적 결함과 실수를 가졌다고 해서 자신을 비난하지 않도록 하십시오. 마음에 일어나는 모든 현상을 지극히 자연스럽고 이해 가능한 것으로 바라보는 법을 익히십시오. 당신이 경험하는 모든 것과 관련해 늘 무심한 듯 받아들이는 연습을 하십시오.

조언 ❼ 자신을 부드럽게 대하라

자신에게 친절하십시오. 당신은 완벽하지 않을지

몰라도 지금의 '당신'이야말로 당신이 다룰 수 있는 전부입니다. 지금부터 당신이 어떤 사람이 될 것인가는 지금의 당신을 있는 그대로 온전히 받아들이는 데서 시작합니다.

조언 ❽ 자신을 탐구하라

어떤 것에 대해서든 질문하십시오. 무엇도 당연시하지 마십시오. 지혜롭고 경건하게 들리는 말이라고 해서, 또 고귀한 사람이 말했다고 해서 무조건 믿지는 마십시오. 당신 스스로 직접 보십시오. 그렇다고 냉소적이고 무례하고 불손하게 대하라는 뜻은 아닙니다. 당신의 실제 경험에 비추어 살펴보라는 의미입니다. 주변에서 하는 모든 말을 '당신 자신의 경험'이라는 실제 시험대에 비추어 살피십시오. 그런 다음, 그 결과를 진리에 이르기 위한 안내자로 삼으십시오. 통찰 명상, 즉 위빠사나 명상은 실재에 깨어나 존재의 참 구조를 깨닫는 자유의 통찰을 향한 당신 내면의 열망에서 비롯합니다. 수행의 전체 성패는 진실에 깨어나려는 당신의 이 열망에 달려 있습니다. 진실에 깨어나려는 열망이 없다면 수행은 피상적인 것이 되고 맙니다.

조언 ❾ 모든 문제를 도전으로 보라

수행할 때 일어나는 부정적인 현상들을 배움과 성장의 기회로 삼으십시오. 문제에서 도망가지도, 자신을 비난하지도 마십시오. 수행에서 느끼는 부담감을 성스러운 침묵 속에 파묻지도 마십시오. 문제가 생겼습니까? 좋은 일입니다. 수행의 재료가 생겼기 때문입니다. 문제를 즐기십시오. 문제 속으로 뛰어드십시오. 문제를 유심히 살펴보십시오.

조언 ❿ 너무 깊이 생각하지 말라

모든 것을 머리로 이해할 필요는 없습니다. 이것저것 산만한 생각을 한다고 해서 당신이 빠져 있는 덫에서 나올 수 있는 것은 아닙니다. 명상에서 마음은 침묵 속의 순수한 주의 기울임이라는 마음챙김에 의해 자연스럽게 정화됩니다. 깊이 생각하는 습관은 당신을 계속 얽어매는 것을 없애는 데 필요하지 않습니다. 무엇이 당신을 속박하는지, 그것이 어떻게 작동하는지 명료하게, 개념을 통하지 않고 지각하는 것이 당신에게 필요한 전부입니다.

5

본격적인 수행

등을 똑바로 펴고 자리에 앉은 뒤 몸을 움직이지 않고
가만히 있습니다. 움직이지 않고 앉은 채로 눈을 감거나
살짝 내리뜹니다. 우리의 마음은 진흙물이 담긴 컵과 같
습니다. 진흙물이 담긴 컵을 가만히 오래 둘수록 진흙은
더 많이 아래로 가라앉아 물이 더 깨끗해질 것입니다.
마찬가지로 명상 대상에 온전히 주의를 고정시킨 채 몸
을 움직이지 않고 가만히 둘수록 마음은 더 고요해집니
다. 그럴 때 명상의 효과를 직접 체험할 수 있습니다.

마음을 계속해서 현재 순간에 두는 것이 핵심입니다. 현재 순간은 너무도 빠르게 변하므로 언뜻 보아서는 그것의 존재를 전혀 알아볼 수 없습니다. 모든 순간이, 사건이 일어나는 순간입니다. 다시 말해, 어떤 순간도 특정 사건이 일어나지 않은 채 지나가지 않습니다. 따라서 특정 순간에 일어나는 사건을 관찰하지 않는다면 그 순간을 관찰했다고 말할 수 없습니다. 순수하게 주의를 기울이는 순간이 곧 현재 순간이 됩니다. 영사기를 통해 일련의 사진이 지나가듯, 우리의 마음에도 일련의 사건이 연속적으로 지나갑니다. 어떤 사건은 과거의 경험에서 오고, 어떤 사건은 앞으로 계획한 일에 관한 머릿속 생각에서 옵니다.

마음은 대상 없이는 집중할 수 없습니다. 따라서 현재 순간에 사용할 수 있는 대상을 마음에 주어야 합니다. 그런 대상 중 하나가 호흡입니다. 호흡은 주의 기울임의 대상으로 적합합니다. 호흡을 찾기 위해 마음은 별다른 노력을 기울이지 않아도 좋습니다. 호흡은 매순간 당신의 콧구멍을 통해 들어왔다 나가며 흐르고 있습니다. 통찰 명상, 즉 위빠사나 수행이 당신이 깨어 있는 모든 순간에 점차 자리를 잡아가면 당신의 마음은 호흡에 더 쉽게 집중할 것입니다. 호흡은 다른 어떤 대상보다 더 두

특정 순간에 일어나는 사건을
관찰하지 않는다면
그 순간을 관찰했다고
할 수 없습니다.

순수하게 주의를 기울이는 순간이
현재 순간입니다.

드러지며 언제나 지금 여기에 존재하고 있습니다.

먼저, 세 차례 깊이 숨을 쉽니다. 세 번 심호흡을 한 뒤 평소처럼 숨을 쉽니다. 숨이 자연스럽게 들어왔다 나가도록 둔 채로 콧구멍 가장자리에 주의를 집중합니다. 콧구멍으로 들어오고 나가는 호흡의 느낌을 가만히 관찰합니다. 한 차례 들숨이 끝나고 다음번 날숨이 시작되기 전에 잠깐 멈추는 순간이 있을 것입니다. 이 멈춤의 순간을 관찰합니다. 그런 다음, 날숨의 시작을 관찰합니다. 날숨이 끝나면 다음번 들숨이 시작되기 전에 또한 번 잠깐 멈추는 순간이 있습니다. 잠깐 멈추는 이 순간도 관찰합니다. 한 차례의 들숨과 날숨에 잠깐 멈추는 순간이 두 번 있습니다. 하나는 들숨의 끝에, 하나는 날숨의 끝에 있습니다. 두 번의 멈추는 순간은 매우 짧은 시간에 일어나기 때문에 알아차리지 못할 수도 있습니다. 하지만 마음챙김으로 주의를 기울이면 호흡이 멈추는 두 순간을 알아볼 수 있습니다.

호흡을 관찰할 때는 어떤 현상도 언어화하거나 개념화하지 않도록 합니다. '내가 숨을 들이쉰다', '내가 숨을 내쉰다'고 하지 말고, 그저 숨이 들어오고 나가는 것을 관찰합니다. 호흡에 주의를 집중할 때는 그와 함께 일어나는 생각과 기억, 소리와 냄새, 맛과 느낌을 모두 무시한 채 오로지 호흡에만 주의를 집중합니다.

처음에 주의를 집중하는 동안에는 들숨과 날숨이 짧게 느껴질 것입니다. 이것은 몸과 마음이 아직 고요하거나 이완되지 않았기 때문입니다. 들숨과 날숨이 짧게 느껴지면 그 느낌을 관찰합니다. 이때 '짧은 들숨', '짧은 날숨'이라고 말할 필요는 없습니다. 그저 들숨과 날숨이 짧다는 느낌을 관찰합니다. 그렇게 하면 몸과 마음이 조금 더 평온해지고 호흡도 더 길어질 것입니다. 이제 긴 호흡의 느낌을 관찰합니다. 이때 '긴 숨'이라고 말하지 않습니다. 호흡이 긴 느낌을 다만 관찰할 뿐입니다. 그 다음에는 호흡의 시작부터 끝까지 전체 과정을 관찰합니다. 이렇게 하다 보면 호흡이 미세해지고 마음과 몸이 더 평온해질 것입니다. 이제 평온하고 평화로운 호흡의 느낌을 관찰합니다.

호흡은 마음이 딴 곳으로 달아날 때마다 되돌아오는 중요한 기준점이 됩니다. 호흡은 우리의 일반적인 사고 과정에서 언제나 일어나는 끊임없는 변화와 중단을 비춰보는 기준 틀로 사용할 수 있습니다. 흔히 명상을 야생 코끼리를 길들이는 과정에 비유합니다. 야생 코끼

명상을 흔히 야생 코끼리를
길들이는 과정에 비유합니다.

야생 코끼리 → 날뛰는 우리의 마음
코끼리를 맨 밧줄 → 마음챙김
밧줄을 맨 기둥 → 명상 대상, 즉 호흡
훈련 과정을 마친 코끼리 → 잘 훈련된 집중된 마음

리를 길들이는 과정은 새로 잡은 코끼리를 튼튼한 밧줄로 기둥에 단단히 매는 데서 시작합니다. 처음에 코끼리는 불만을 드러낼 것입니다. 소리를 지르고 주변을 밟아 뭉개며 며칠이고 밧줄을 잡아당길 것입니다. 그러다 마침내는 거기서 벗어날 수 없음을 깨닫고는 잠잠해집니다. 이제 사육사는 안전하게 먹이를 주며 코끼리를 다룰 수 있습니다.

마침내 사육사는 밧줄과 기둥을 없애고도 코끼리를 훈련시켜 여러 가지 일을 시킬 수 있게 됩니다. 사육사는 유용한 목적에 사용할 수 있는 길든 코끼리를 갖게 됩니다. 이 비유에서 야생 코끼리는 마구 날뛰는 우리의 마음에 해당합니다. 코끼리를 기둥에 매어두는 밧줄은 마음챙김에, 기둥은 명상의 대상, 즉 호흡에 해당합니다. 그리고 훈련 과정을 마친 길든 코끼리는 잘 훈련된 집중된 마음에 해당합니다. 이제 우리는 이렇게 훈련된 마음을, 실재를 가리는 환영을 꿰뚫어보는 중요한 작업에 활용할 수 있습니다. 이처럼 명상은 마음을 길들이는 작업입니다.

6
호흡 찾기

호흡을 명상 대상으로 사용하기 위해 가장 먼저 할 일은 호흡을 찾는 것입니다. 지금 우리가 찾으려는 것은 콧구멍으로 공기가 들고 날 때 느껴지는 신체적인 촉각의 감각입니다. 이 촉각은 대개 코끝의 바로 안쪽에서 느껴집니다. 그렇지만 정확한 부위는 사람마다 코의 모양에 따라 다를 수 있습니다. 호흡이 가장 잘 느껴지는 당신만의 부위를 찾아봅니다. 그러려면 한 차례 빠르게 숨을 들이쉬며 코의 바로 안쪽이나 윗입술 등 공기가 들어오는 감각이 가장 분명하게 느껴지는 지점을 찾으면

호흡은 지극히 평범하고
재미없어 보이지만
실제로는 대단히 복잡하고
흥미로운 과정입니다.

호흡을 제대로 들여다보면
거기에는 미묘한 변화로 가득합니다.
마치 교향악과 같습니다.

됩니다. 이제 숨을 내쉬면서 그 부위에서 느껴지는 감각을 관찰합니다. 다음부터는 그 부위에서 느껴지는 들숨과 날숨의 과정을 놓치지 않고 따라갑니다. 당신만의 호흡 지점을 확실히 찾았다면 이제부터 거기서 벗어나지 않도록 합니다. 이 부위에 계속 주의를 매어둡니다.

명상할 때는 호흡 감각이 느껴지는 한 가지 지점에 주의를 집중합니다. 이렇게 하면 명료하고 집중된 주의력으로 호흡의 전체 움직임을 관찰할 수 있습니다. 이때 호흡을 조절하려고 시도하지 않습니다. 명상은 요가에서 하는 호흡 훈련과 다릅니다. 자연스러운 호흡의 움직임에 주의를 집중합니다. 일부러 호흡을 깊이 하거나 숨 쉬는 소리를 내지 않습니다. 잠들었을 때처럼 자연스럽게 숨이 흐르도록 놓아둡니다. 모든 것을 내려놓으면 호흡의 과정은 자신의 리듬에 따라 펼쳐질 것입니다.

언뜻 보면 호흡은 지극히 평범하고 재미없어 보이지만 실제로는 대단히 복잡하고 흥미로운 과정입니다. 호흡을 제대로 들여다보면 거기에는 미묘한 변화들로 가득합니다. 우선 들숨이 있고 날숨이 있습니다. 긴 호흡이 있고 짧은 호흡이 있습니다. 깊은 호흡과 얕은 호흡이 있으며, 고른 호흡과 고르지 못한 호흡이 있습니다. 또한 이 범주들끼리 미묘하고 복잡하게 서로 결합되고 얽힙니다. 호흡을 유심히 관찰해 보십시오. 호흡을 제대로 탐구해 보십시오. 그러면 다양한 차이와 지속적인 반복 패턴을 보게 될 것입니다. 그것은 마치 교향악과 같습니다. 호흡의 대략적인 겉모습만 관찰하지 않도록 합니다. 호흡에는 들숨과 날숨 외에도 보아야 할 것이 아주 많습니다. 가령, 모든 호흡에 시작과 중간과 끝이 있습니다. 모든 들숨이 탄생과 성장과 죽음의 과정을 거치며, 모든 날숨도 마찬가지입니다. 호흡의 깊이와 속도는 당신의 감정 상태와 마음에 일어나는 생각, 주변에서 들리는 소리에 따라 달라집니다. 이 현상들을 탐구해 보십시오.

그렇다고 자리에 앉아 속으로 자신과 이렇게 대화를 나누는 것은 아닙니다. "이번에는 짧고 고르지 못한 호흡이었어. 이번에는 깊고 긴 호흡… 다음 호흡은 어떨까?" 이렇게 자신과 속삭이지 말고, 일어나는 현상을 그저 지켜보면서 호흡 감각을 관찰하는 데 주의를 향합니다. 그렇게 해도 마음속의 산만한 생각들은 언제고 다시 일어날 것입니다. 그렇더라도 호흡으로 다시, 또 다시 계속해서 주의를 돌립니다.

마음이 호흡을 떠나
다른 대상으로 떠돌 때는
자신이 지금 무엇을 하고 있는지
단순하게 알아본 다음
부드럽게 그러나 단호하게
호흡 감각으로 돌아옵니다.

호흡을 관찰하는 과정을 처음 시작할 때는 어려움이 닥칠 것을 예상해야 합니다. 당신의 마음은 꿀을 찾아 떠도는 벌이나 이 나무, 저 나무로 옮겨 다니는 원숭이처럼 끊임없이 호흡에서 벗어나 다른 대상으로 달아날 것입니다. 그렇더라도 걱정하지 마십시오. 원숭이 마음(monkey mind)은 잘 알려진 현상입니다. 숙련된 명상가들은 이런저런 방식으로 이 현상을 다루어 왔습니다. 당신도 그렇게 할 수 있습니다. 마음이 호흡을 떠나 다른 대상으로 떠돌 때는 자신이 지금 무엇을 하고 있는지 단순하게 알아보십시오. 지금 생각을 하고 있는지, 공상에 빠져 있는지, 걱정을 하고 있는지… 어떤 것이든 좋습니다. 마음이 호흡이 아닌 다른 대상으로 떠돌더라도 짜증내지 말고, 그런 자신에 대해 판단과 평가를 내리지도 말고, 부드럽게 그러나 단호하게 호흡 감각으로 돌아옵니다. 그런 다음, 다음번 호흡에 대해서도 그렇게 합니다. 그 다음 호흡에도, 또 그 다음 호흡에도….

　　이렇게 마음이 이곳저곳으로 달아나는 현상을 계속 관찰하다 보면 별안간 당신이 완전히 미친 사람이라는 충격적인 자각에 이를 수도 있습니다. 당신의 마음은 비명을 지르며 횡설수설하는 환자들로 가득한 소란한 정신병원처럼 느껴집니다. 통제 불가의 상태에서 멈추지 않고 전속력으로 내리막길을 질주하는 트럭처럼 느껴질 수도 있습니다. 그래도 괜찮습니다. 당신은 적어도 어제보다는 '덜 미친' 상태입니다.

사실, 당신은 '지금까지 죽' 미친 상태로 살아왔습니다. 다만, 그 사실을 알지 못한 것뿐입니다. 게다가 당신이 주변사람보다 '더 미친' 것도 아닙니다. 유일한 차이는 이제 당신은 다른 사람들과 다르게, 이 상황을 똑바로 마주하고 있다는 사실입니다. 다른 사람들은 아직 이 상황과 마주하지 못했으며 따라서 상대적으로 더 편안할 것입니다. 그렇다고 그들이 더 나은 상황에 처한 것은 아닙니다. 무지는 축복일 수 있지만, 괴로움에서 벗어난 자유의 경지로 우리를 이끌지는 못합니다. 그러니 당신이 '미쳐 있다'는 사실을 마주한 것에 마음 불편할 이유가 없습니다. 실제로 이런 깨달음은 수행의 길에서 참된 향상을 이루는 소중한 계기가 됩니다. 현재 당신이 가진 문제와 똑바로 마주했다는 사실은 이제 당신이 수행의 길에 올라 앞으로 나아가게 되었다는 의미입니다.

호흡을 말없이 관찰하는 과정에서 유의해야 하는 두 가지가 있습니다. 생각하는 마음(thinking mind)과

당신은 '지금까지 죽' 미친 상태로
살아왔습니다.
다만, 그 사실을 알지 못한 것뿐입니다.

무지는 축복일 수 있지만,
괴로움에서 벗어난 자유의 경지로
우리를 이끌지는 못합니다.

당신이 '미쳐 있다'는 사실에 대한 깨달음은
수행의 길에서 참된 향상을 이루는
소중한 계기가 됩니다.

가라앉은 마음(sinking mind)이 그것입니다. 생각하는 마음은 앞에 말한 '원숭이 마음'이라는 현상으로 분명히 드러납니다. 한편 가라앉은 마음은, 이곳저곳 떠도는 생각하는 마음과 정반대의 상태입니다. 마음이 가라앉았다는 것은 자각이 흐려진 상태를 말합니다. 생각도 일어나지 않고, 호흡도 관찰하지 못하며, 알아차림도 없는 마음의 진공 상태입니다. 꿈도 꾸지 않고 잠을 자는 것처럼, 형태가 없는 마음의 회색지대입니다. 수행자는 아무것도 없는 진공 상태(void)인 가라앉은 마음을 피해야 합니다(avoid).

가라앉은 마음에 빠졌을 때는 마음이 가라앉아 있다는 사실을 단순하게 알아본 뒤, 호흡 감각으로 주의를 돌립니다. 콧구멍이나 배에서 느껴지는 호흡 감각을 관찰합니다. 숨을 내쉴 때 느껴지는 촉각을 느낍니다. 숨을 들이쉬고 내쉴 때 어떤 일이 일어나는지 봅니다. 몇 주나 몇 달 동안 이렇게 하다 보면 호흡 감각을 물리적이고 신체적인 감각 대상으로 느낄 수 있을 것입니다. 이 과정을 계속하십시오. 숨을 들이쉬고 내쉬면서 어떤 일이 일어나는지 보십시오. 호흡에 대한 집중이 깊어지면 가라앉은 마음도, 원숭이 마음도 더 이상 문제가 되지 않을 것입니다. 호흡은 느려질 것이고, 이제 마음은 가라앉거나 다른 곳으로 달아나지 않고 분명하게 호흡을 따라갈 것입니다.

이제 당신은 커다란 평온의 상태를 경험할 것입니다. 그러면서 욕심, 탐욕, 질투, 증오 등 불편한 마음에서 벗어나 완전한 자유를 누릴 것입니다. 초조함이 줄고 두려움이 사라질 것입니다. 이것은 아름답고 명료한, 축복 받은 마음 상태입니다. 그러나 이것 또한 일시적이어서 명상이 끝나면 그 상태도 사라집니다. 그렇지만 이 짧은 경험만으로 당신의 삶이 변화될 수 있습니다. 물론 이것은 완전한 벗어남(liberation)이 아닙니다만 고통에서 벗어나는 방향으로 나아가는 길에 중요한 주춧돌이 됩니다. 그렇다고 즉각적인 축복을 기대하지는 마십시오. 이 주춧돌을 놓는 데만도 시간과 노력, 인내가 필요합니다.

명상의 목적은 살면서 닥치는 문제를 해결하는 것이 아닙니다. 당신의 현재 문제에 관하여 생각하는 데 명상 수련을 이용하지 않도록 하십시오. 수행할 때는 지금 당신이 가진 문제를 잠시 옆으로 밀쳐두십시오. 온갖 걱정과 계획, 소동과 소란에서 잠시 떠나십시오. 당신의 명상 수련이 편안한 휴가가 되도록 하십시오. 자신을 믿

명상의 목적은
살면서 닥치는 문제를 해결하는 것이 아닙니다.
수행할 때는 지금 당신의 문제를
잠시 옆으로 밀쳐두십시오.

온갖 걱정과 계획, 소동과 소란에서 잠시 떠나
당신의 명상 수련이
편안한 휴가가 되도록 하십시오.

한 번에 한 차례의 호흡만을 상대하십시오.
이번 한 차례 호흡만을 놓치지 않고
따라가겠다고 결심하십시오.

물론, 계속해서 호흡을 놓칠 것입니다.
상관없습니다.
실패하더라도 계속하십시오.

으십시오. 지금 가진 문제는 명상 수행을 통해 키운 마음의 에너지와 활기로 명상이 끝난 뒤에 다룰 수 있다고 믿어야 합니다. 이런 식으로 자신을 믿을 필요가 있습니다. 그러면 실제로 그렇게 할 수 있을 것입니다.

자신에게 과도한 목적을 설정하지 않도록 하십시오. 자신을 부드럽게 대하십시오. 당신은 지금 호흡을 놓치지 않고 따라가는 노력을 기울이고 있습니다. 이때 시간 단위를 짧게 잡는 것이 좋습니다. 들숨이 시작되는 시점에 이번 한 차례의 들숨만이라도 놓치지 않고 따라가겠다고 결심해 보십시오. 한 차례의 들숨조차 놓치지 않고 따라가는 것도 쉬운 일은 아닙니다만, 적어도 한 차례 호흡을 따라갈 수는 있을 것입니다. 그런 다음, 날숨이 시작되는 시점에서도 이번 한 차례 날숨만은 놓치지 않고 따라가겠다고 결심하십시오. 물론, 당신은 계속해서 호흡을 놓칠 것입니다. 그러나 상관없습니다. 실패하더라도 계속하십시오.

들숨이든 날숨이든 그것을 놓칠 때마다 다시 시작하십시오. 한 번에 한 차례의 호흡만을 상대하십시오. 적어도 한 차례의 호흡은 따라갈 수 있을 것입니다. 계속해서 그렇게 하십시오. 시간 단위를 짧게 잡고, 들숨과 날숨이 시작될 때마다 호흡을 따라가겠다고 새롭게 결심하십시오. 신중하고 정확하게 매번의 호흡을 관찰하십시오. 순간순간 호흡을 관찰하겠다고 새롭게 다짐하십시오. 그리고 그 다짐을 죽 이어가십시오.

호흡에 대한 마음챙김은 현재 순간의 알아차림입니다. 호흡을 제대로 마음챙김 할 때 당신은 현재 순간에 일어나는 일을 알게 됩니다. 이때 당신은 뒤를 돌아보지 않으며 앞을 내다보지 않습니다. 지나간 호흡을 잊으며, 다음 호흡을 예상하지 않습니다. 들숨이 시작되는 순간에 들숨이 끝나는 것을 앞서 내다보지 않습니다. 그리고 들숨 다음에 이어질 날숨으로 먼저 넘어가지 않습니다. 당신은 지금 실제로 일어나고 있는 바로 거기에 머물고 있습니다. 날숨이 시작되면 오로지 거기에 주의를 기울입니다. 그것 외에 어디에도 주의를 향하지 않습니다.

명상은 지금까지와 다르게 마음을 훈련하는 과정입니다. 명상에서 당신이 목표하는 상태는 지금 당신의 지각 세계에서 일어나고 있는 모든 것을, 일어나는 방식 그대로, 일어나는 바로 그 순간에 온전히 알아차리는 것입니다. 그것은 현재 순간의 온전한 알아차림입니다. 물

명상에서 우리가 목표하는 것은
지금 자신의 지각에서 일어나고 있는
모든 현상을,
일어나는 방식 그대로,
일어나는 그 순간에 알아차리는 것입니다.
현재 순간의 온전한 알아차림입니다.

론 이것은 대단히 높은 목표로서 한 번에 이룰 수는 없습니다. 그래서 수행이 필요합니다. 수행에서 우리는 처음에 '작게' 시작합니다. 수행은 한 차례의 들숨과 날숨이라는 짧은 시간 단위를 온전히 알아차리는 것에서 시작합니다. 만약 이것에 성공한다면 당신은 완전히 새로운 삶의 경험에 오를 것입니다.

7

명상할 때 몸의 자세

전통적으로 명상할 때 취하는 몸의 자세들이 있습니다. 이 자세들을 취하는 목적은 세 가지입니다. 첫째, 이 자세를 취하면 몸에 안정적인 느낌을 줍니다. 즉, 몸의 균형이나 근육 피로에 신경 쓰지 않고 명상 대상에 집중할 수 있습니다. 둘째, 이 자세들은 몸을 수시로 움직이지 않게 합니다. 몸을 수시로 움직이지 않을 때 마음도 이곳저곳으로 달아나지 않습니다. 이때 마음은 안정되고 고요한 집중 상태에 머뭅니다. 셋째, 이 자세를 취하면 수행자는 몸의 통증, 근육의 긴장, 졸음이라는 명상

의 세 가지 '적'에 굴복하지 않고 오랜 시간 앉아 있을
수 있습니다.

아래 소개하는 자세들 가운데 통증을 크게 느끼지
않고, 또 움직이지 않고 한동안 앉아 있을 수 있는 자세
를 선택하십시오. 여러 자세를 시도해 본 뒤 어떤 자세
가 당신에게 적합한지 알아보십시오. 가장 중요한 것은
허리를 펴고 앉는 것입니다. 동전을 하나씩 쌓은 것처럼
척추를 곧게 세웁니다. 머리와 척추가 일직선이 되게 합
니다. 모든 것을 경직되지 않게, 편안하게 합니다. 지금
당신은 목각 병사가 아닙니다. 훈련 교관도 없습니다.
허리를 곧게 세우되 근육을 긴장하지 않도록 합니다. 가
볍고 편안하게 자리에 앉습니다. 척추는 부드러운 땅에
서 자라는 어린 나무처럼 곧게 펴고, 다른 신체 부위는
편안하게 척추에서 늘어뜨립니다.

우리의 목적은 명상을 하는 동안 조금도 움직이지
않고 자리에 앉는 것입니다. 처음에는 허리를 곧게 펴고
앉는 것이 불편하게 느껴질 수 있습니다. 하지만 허리를
곧게 펴는 것은 필수입니다. 생리학에서는 이것을 '깨어
남의 자세'라고 합니다. 몸이 깨어남의 자세를 취할 때
마음도 깨어납니다. 자세가 구부정하면 졸음에 빠지기

쉽습니다. 바닥에 무엇을 깔고 앉느냐도 중요합니다. 자세에 따라 의자나 방석이 필요할 수도 있습니다. 바닥의 딱딱함도 적절히 선택해야 합니다. 너무 푹신하면 졸음에 떨어지기 쉽고, 너무 딱딱하면 통증이 일어납니다.

전통적 명상 자세

전통적 자세로 바닥에 앉는다면 척추의 높이를 높여주는 방석이 필요합니다. 너무 푹신하지 않은 방석으로, 눌렀을 때 최소 8센티미터 정도 되는 것을 택합니다. 방석 끝에 엉덩이를 걸친 채 다리를 포개 앞의 바닥에 놓이게 합니다. 바닥에 매트를 깔면 정강이와 발목이 받는 압력을 덜어줍니다. 매트를 깔지 않는다면 발에 무언가를 받치는 것이 좋습니다. 담요를 접어서 사용해도 좋습니다. 방석 뒤쪽으로 깊이 들여 앉지 않도록 합니다. 너무 들여 앉으면 방석 앞쪽 끝이 대퇴부 아래를 압박해 신경이 눌리고 다리에 통증이 일어날 수 있습니다. 다리를 포개는 방법은 여러 가지입니다.

○ 미국 원주민 방식

오른발은 왼쪽 무릎 아래에, 왼발은 오른쪽 무릎 아래에 밀어 넣습니다.

○ 미얀마 방식

다리를 접은 채로 양 무릎과 양 발목이 모두 바닥에 닿도록 앉습니다. 한쪽 다리를 다른 쪽 다리 앞에 둡니다.

○ 반가부좌

다리를 접은 채로 양 무릎이 바닥에 닿도록 앉습니다. 한쪽 다리와 한쪽 발이 다른 쪽 다리 종아리와 나란히 되도록 합니다.

○ 가부좌

양 무릎이 바닥에 닿게 하고, 양 다리는 종아리에서 서로 교차하도록 앉습니다. 왼발은 오른쪽 대퇴부 위에, 오른발은 왼쪽 대퇴부 위에 오게 합니다. 양 발바닥이 모두 천장을 향하게 합니다.

이 모든 자세에서 양손은 동그랗게 모아 한 손 위에 다른 손을 받친 뒤, 손바닥을 천장으로 향한 채 넓적다리 위에 둡니다. 손목의 접히는 부분이 넓적다리에 닿도록 하면서 손을 배꼽 바로 아래에 오도록 합니다. 이러한 팔 자세는 상체를 든든히 받쳐주며 목과 어깨 근육이 긴장되지 않게 합니다. 팔은 편안하게 이완합니다.

이렇게 하면 횡격막이 이완되어 최대한 확장됩니다. 복부 부위에도 긴장이 쌓이지 않도록 합니다. 턱은 살짝 위로 들며, 눈은 떠도 좋고 감아도 좋습니다. 눈을 뜬다면 시선을 지긋이 아래를 향한 채 조금 떨어진 지점에 부드럽게 고정합니다. 지금 우리는 특정 사물을 보는 것이 아닙니다. 시각에 신경 쓰지 않도록, 특별히 볼 것이 없는 지점에 시선을 두는 것뿐입니다. 긴장하거나 뻣뻣해지지 않도록 합니다. 경직되지 않도록 합니다. 편안하게 이완합니다. 몸이 자연스럽고 유연해지도록 합니다. 당신의 몸이 똑바로 선 척추에 가볍게 매달린 봉제인형이라고 상상합니다.

의자에 앉는다면

당신은 통증이나 그 밖의 이유로 바닥에 앉는 것이 불편할지 모릅니다. 그래도 괜찮습니다! 바닥에 앉기 어렵다면 언제든 의자에 앉아도 좋습니다. 좌석이 평평하고 등받이가 곧으며 팔걸이가 없는 의자를 고릅니다. 허리를 등받이에 기대지 않고 앉는 것이 좋습니다. 의자 바닥이 넓적다리 안쪽에 파묻히지 않도록 바닥이 너무 푹신한 의자는 피합니다. 양 다리는 나란히 두고, 양 발바닥은 바닥에 붙입니다. 양 손은 앞의 전통적 자세처럼 한쪽 손을 다른 손 위에 포개 넓적다리 위에 편안하게 둡니다. 목과 어깨 근육을 긴장시키지 않습니다. 팔도 편안하게 둡니다. 눈은 떠도 좋고 감아도 좋습니다.

이 모든 자세에서 당신이 바라는 목적을 기억해야 합니다. 지금 우리는 몸이 지극히 고요하면서도 잠에 떨어지지 않는 상태에 이르고자 합니다. 앞서 말한 진흙물의 비유를 떠올려 보십시오. 몸이 지극히 고요해지면 마음도 그에 따라 평온해질 것입니다. 또한 신체적으로 깨어 있는 상태가 되어야만 당신이 찾는 마음의 명료함도 일어날 것입니다. 그러니 실험해 보십시오. 몸은 당신이 원하는 마음 상태를 만들어내는 도구입니다. 당신의 몸을 지혜롭게 사용해야 합니다.

어떤 옷을 입을까

명상할 때 입는 옷은 품이 넉넉하고 부드러워야 합니다. 옷이 조이면 혈액 순환이 안 되어 신경이 눌려 통증과 저림이 일어납니다. 벨트를 차고 있다면 느슨하게 하십시오. 꽉 끼는 바지나 두꺼운 직물로 된 바지는 입지 않습니다. 여성들의 경우 긴 치마는 좋은 선택입니다. 얇고 신축성 있는 천으로 된 느슨한 바지는 남녀 구분 없이 모든 이에게 적합합니다. 편안하게 흐르는 부드럽고 헐거운 긴 겉옷은 아시아의 전통적 의상입니다. 사롱(동남아 등지에서 남녀 구분 없이 허리에 둘러 입는 천)이나 기모노 등 종류도 다양합니다. 신발은 벗습니다. 양말이 너무 꽉 낀다면 양말도 벗습니다.

8
마음이 방황할 때는

호흡에 마음을 두고자 하는 당신의 결연한 노력에도 불구하고 마음은 호흡이 아닌 딴 곳으로 달아날 것입니다. 당신이 정한 주의 집중의 대상(여기서는 호흡)에 마음이 가 있지 않음을 아는 순간, 깨어 있는 마음으로 주의를 호흡으로 돌립니다. 마음챙김 수행에 필요한 집중을 얻는 데 도움이 되는 몇 가지 조언을 소개합니다.

호흡의 수를 세는 다섯 가지 방법

마음이 호흡에 가만히 머물지 못할 때는 호흡의 수를 세는 방법이 도움이 됩니다. 이때 호흡의 수를 세는 목적은 마음을 호흡에 집중시키는 것입니다. 이렇게 해서 마음이 호흡에 집중되면 더 이상 호흡의 수를 세지 않습니다. 호흡의 수를 세는 방법은 여러 가지입니다. 어떤 방법이든 소리 내지 않고 속으로 수를 셉니다. 수를 세는 방법은 다음과 같습니다.

○ 첫 번째 방법

숨을 들이쉬면서 폐에 신선한 공기가 가득 찰 때까지 '하나, 하나, 하나, 하나…'라고 수를 셉니다. 숨을 내쉬면서는 폐에서 신선한 공기가 하나도 남지 않을 때까지 '둘, 둘, 둘, 둘…' 하면서 셉니다. 다시 숨을 들이쉬면서 이번에는 '셋, 셋, 셋, 셋…' 하면서 다시 폐에 공기가 가득 찰 때까지 수를 셉니다. 숨을 내쉬면서 '넷, 넷, 넷, 넷…' 수를 세면서 폐에서 공기가 다 빠져나갈 때까지 셉니다. 이렇게 열까지 센 다음, 마음이 호흡에 집중하는 데 필요한 만큼 처음부터 반복합니다.

○ 두 번째 방법

하나부터 열까지 빠르게 수를 세는 방법입니다. 숨을 들이쉬면서 '하나, 둘, 셋, 넷, 다섯, 여섯, 일곱, 여덟, 아홉, 열' 하고 수를 셉니다. 이제 숨을 내쉬면서 '하나, 둘, 셋, 넷, 다섯, 여섯, 일곱, 여덟, 아홉, 열' 하고 셉니다. 한 차례 들숨에 하나에서 열까지, 그 다음 차례 날숨에도 똑같이 하나에서 열까지 셉니다. 호흡에 집중하는데 필요한 만큼 이런 식으로 반복합니다.

○ 세 번째 방법

열까지 수를 늘려가며 세는 방법입니다. 숨을 들이쉬면서 '하나, 둘, 셋, 넷, 다섯'까지 센 뒤(다섯 이상은 세지 않습니다), 숨을 내쉬면서 '하나, 둘, 셋, 넷, 다섯, 여섯'까지 셉니다(여섯 이상 세지 않습니다). 그 다음 숨을 들이쉬는 동안에 '하나, 둘, 셋, 넷, 다섯, 여섯, 일곱'까지 세고(일곱 이상 세지 않습니다), 그 다음 숨을 내쉬는 동안에 '하나, 둘, 셋, 넷, 다섯, 여섯, 일곱, 여덟'까지 셉니다. 다음 들숨에는 하나부터 아홉까지, 그 다음 날숨에는 하나부터 열까지 셉니다. 마음이 호흡에 집중하는데 필요한 만큼 이런 식으로 반복합니다.

○ 네 번째 방법

숨을 길게 들이쉬어 폐에 공기가 가득 차면 '하나'라고 셉니다. 그런 다음 완전히 숨을 내뱉어 공기가 조금도 남지 않으면 '둘'이라고 셉니다. 다시 숨을 길게 들이쉬어 폐에 공기가 가득하면 '셋', 숨을 내뱉어 공기가 남지 않으면 '넷'이라고 셉니다. 이런 식으로 열까지 셉니다. 그런 다음 열에서 하나까지 거꾸로 셉니다. 다시 하나에서 열까지, 또 열에서 하나까지 셉니다.

○ 다섯 번째 방법

들숨과 날숨을 하나로 묶어 수를 세는 방법입니다. 숨을 들이쉬고 내쉬어 폐에 공기가 남지 않으면 '하나'라고 셉니다. 다음 번 들숨과 날숨을 쉰 다음 '둘'이라고 셉니다. 이 방법은 '다섯'까지만 센 뒤, 거꾸로 다섯에서 하나까지 셉니다. 호흡이 미세하고 고요해질 때까지 이렇게 반복합니다.

언제까지고 호흡의 수를 세야 하는 것은 아닙니다. 들숨과 날숨이 닿는 콧구멍 가장자리에 마음이 잘 머물러 있다면, 그리고 들숨과 날숨이 별개로 인식되지 않을 만큼 호흡이 극도로 미세하고 고요하게 느껴진다면 호흡의 수를 그만 세어도 좋습니다. 호흡의 수를 세는 목

적은 마음을 한 가지 대상, 즉 호흡에 집중하는 것뿐입
니다.

호흡에 주의를 집중하는 그 밖의 네 가지 도구

○ 들숨과 날숨을 연결합니다.

이번에는 들숨을 들이쉰 후 날숨을 내쉬기 전에 짧
은 멈춤의 순간을 관찰하지 않습니다. 대신, 들숨과 날
숨을 곧장 연결시킵니다. 들숨과 날숨을 하나의 연속된
호흡으로 관찰합니다.

○ 들숨과 날숨에 마음을 고정시킵니다.

들숨과 날숨을 연결시킨 다음, 들숨과 날숨이 닿는
신체 부위에 마음을 고정합니다. 콧구멍 가장자리에 닿
거나 스치면서 몸에 들어오고 몸에서 나가는 하나의 호
흡으로 숨을 들이쉬고 내쉽니다.

○ 목수처럼 한 지점에 마음을 집중합니다.

목수는 나무판에 직선을 그은 뒤 그 선을 따라 톱
으로 나무판을 자릅니다. 목수의 시선은 아래위로 움직
이는 톱날을 따라가지 않습니다. 대신, 자신이 그어 놓
은 직선에 온 주의를 집중합니다. 그래야만 나무판을 똑

바로 자를 수 있습니다. 마찬가지로 호흡이 느껴지는 한 지점인 콧구멍 가장자리에 계속 마음을 두어야 합니다.

○ 호흡을 관찰할 때는 문지기처럼 지켜봅니다.

문지기는 건물에 들고 나는 사람들의 세세한 모습을 일일이 좇아가며 살피지 않습니다. 문지기는 문으로 들어오고 나가는 사람들을 한자리에서 그저 지켜볼 뿐입니다. 마찬가지로 호흡에 집중할 때도 우리는 자기 경험의 세부사항에 일일이 신경 쓰지 않습니다. 들숨과 날숨이 몸에 들고 날 때 콧구멍 가장자리에서 느껴지는 느낌만을 단순하게 관찰할 뿐입니다.

9

어디에, 언제, 얼마나
앉아야 하나

어디에 앉을 것인가

조용하고 방해 받지 않는 장소를 당신 스스로 찾아보십
시오. 숲속 한가운데처럼 아주 이상적인 장소여야 하는
것은 아닙니다. 우리들 대부분에게 그런 장소를 찾는 것
은 불가능합니다. 그렇지만 편안하고 방해 받지 않는 장
소, 다른 이의 시선을 신경 쓰지 않아도 좋은 곳이어야
합니다. 지금 우리는 다른 사람이 우리를 어떻게 보는가
를 염려하지 않고, 명상에 온전히 주의를 기울이고자 합

니다. 가능한 조용한 장소를 선택하십시오. 방음벽이 설치된 방일 필요는 없지만 거슬리는 소리가 있다면 피해야 합니다. 음악과 대화는 다루기 까다로운 소리입니다. 마음은 자칫하면 우리가 통제하기 어려운 방식으로 음악과 대화 소리에 빨려듭니다.

명상에 적합한 분위기를 내는 데 사용하는 전통적인 도구들이 있습니다. 어두운 방에 초를 켜는 것도 좋고, 향을 피워도 좋습니다. 명상 수행을 시작하고 끝낼 때 작은 종소리를 울려도 좋습니다. 그러나 이것들은 도구일 뿐입니다. 이런 용품들은 어떤 사람에게는 명상 수행에 동기를 부여하지만 반드시 갖춰야 하는 것은 아닙니다. 타이머도 수행에 도움이 될 수 있습니다.

그리고 매번 같은 장소에 앉는 것이 좋습니다. 오직 명상만을 위해 특별히 마련한 장소가 있다면 대부분의 수행자에게 도움이 됩니다. 당신은 그 장소를 고요한 주의와 연관 지을 것이고, 그렇게 함으로써 더 빠르게 깊은 명상 상태에 이를 수 있습니다. 중요한 것은 수행에 도움이 된다고 느끼는 장소에 앉는 것입니다. 그렇게 하자면 약간의 실험이 필요할 수도 있습니다. 당신이 편안하게 느끼는 명상 장소와 시간을 찾아보십시오.

많은 사람이 다른 수행자들과 함께 자리에 앉아 좌선하는 것이 도움이 된다고 말합니다. 수행자에게 규칙적인 수행은 반드시 필요한 부분입니다. 대부분의 수행자가 단체 좌선 스케줄을 따라 수행하면 규칙적으로 자리에 앉는 것이 더 수월해진다고 말합니다.

언제 앉아야 하나

가장 중요한 규칙은 좌선 수행과 관련해서도 중도가 적용된다는 점입니다. 지나치게 하지 말아야 합니다. 모자라게 하지도 않아야 합니다. 그렇다고 자리에 앉고 싶을 때만 앉으면 된다는 말은 아닙니다. 수행 스케줄을 세워 부드럽고 끈기 있게 지키라는 의미입니다. 스케줄을 세우면 수행에 동기 부여가 됩니다. 만약 당신의 수행 스케줄이 더 이상 수행에 자극이 되지 못하고 부담이 된다면 무언가 잘못된 것입니다.

당신이 실천할 수 있는 매일의 수행 스케줄을 세워야 합니다. 합리적으로 실천 가능한 스케줄을 짜십시오. 수행이 당신의 삶의 다른 부분과 조화되도록 스케줄을 조정하십시오. 만약 수행이 너무 버겁게 느껴진다면 변화가 필요합니다. 수행은 당신이 괴로움에서 벗어나기 위한 목적임을 잊지 마십시오.

아침에 잠에서 깬 직후는 수행하기에 더없이 좋은 시간입니다. 이런저런 해야 할 일에 파묻히기 전에 당신의 마음은 신선한 상태입니다. 아침 명상은 하루를 시작하는 좋은 방법입니다. 아침에 명상을 하면 그날 하루 해야 할 일을 더 효율적으로 처리할 수 있습니다. 아침 명상으로 당신은 그날 하루를 더 경쾌하게 지낼 것입니다.

아침 명상을 하기 전에 잠에서 완전히 깨는 것이 중요합니다. 자리에 앉아 꾸벅꾸벅 존다면 수행의 향상을 이루기 어렵습니다. 충분히 잠을 자야 합니다. 명상을 하기 전에 얼굴을 씻고 샤워를 하십시오. 약간의 체조로 혈액순환이 잘 되도록 하는 것도 괜찮습니다. 잠에서 완전히 깨기 위해 필요한 어떤 것이든 실행한 다음, 자리에 앉아 명상하십시오. 그날 하루 일과에 바로 뛰어들지 않도록 하십시오. 자리에 앉아 명상하는 것을 잊어버리기가 쉽습니다. 명상을 당신이 아침에 가장 먼저 하는 일로 삼으십시오.

저녁도 명상 수행에 적합한 시간입니다. 저녁이 되면 당신의 마음은 하루를 보내며 쌓인 마음의 찌꺼기로 가득할 것입니다. 잠에 들기 전에 마음의 짐을 덜어내는 것이 좋습니다. 저녁에 명상을 하면 당신의 마음은 깨끗해져 새롭게 활기를 얻을 것입니다. 저녁에 마음챙김을 다시 확립한다면 만족스러운 수면을 취할 수 있습니다.

처음 명상을 시작할 때는 하루 한 번이면 충분하지만 더 하고 싶다면 그렇게 해도 좋습니다. 하지만 너무 지나치게 하지는 마십시오. 처음 명상하는 사람들은 종종 소진 현상을 보입니다. 그들은 2주에 걸쳐 하루 15시간씩 명상에 뛰어든 뒤에 문득 현실을 깨닫습니다. 그들에게 명상은 너무 많은 시간을 잡아먹는 '해야 하는 일'이 되어 버립니다. 명상을 하느라 치러야 하는 대가가 너무 크다고 느낍니다. 그들에게는 이 모든 걸 다 할 시간이 없습니다. 이런 함정에 빠지지 않아야 합니다. 명상을 시작한 처음 몇 주 동안 자신을 완전히 '태워 없애는' 일이 없도록 하십시오.

서두르되 천천히 서둘러야 합니다. 지속적이고 꾸준하게 노력해야 합니다. 명상 수행이 당신의 삶에 자연스럽게 녹아들도록 충분한 시간을 주어야 합니다. 이렇게 해서 당신의 수행이 서서히, 자연스럽게 향상하도록 해야 합니다.

얼마나 오래 앉아야 하나

'중도를 따르라'는 규칙은 수행 시간에도 적용됩니다. 지나치게 오래 앉지 않아야 합니다. 대부분의 명상 초보자는 처음에 20~30분 정도 자리에 앉으면 충분합니다. 명상에 점점 익숙해져 시간을 늘리고 싶으면 조금씩 늘려도 좋습니다. 꾸준히 수행해 1년 정도가 지나면 한 번에 한 시간은 편안하게 앉게 될 것입니다.

명상 시간과 관련해 당신은 누구에게 무엇도 증명할 필요가 없습니다. 한 시간 동안 자리에 앉았음을 다른 사람에게 알리기 위해 심한 통증을 견디며 억지로 자리에 앉을 필요는 없습니다. 그것은 쓸데없는 자아의 자랑입니다. 처음에는 지나치게 하지 않아야 합니다. 당신의 한계를 알아야 합니다. 오랜 시간 앉아 있지 못하는 자신을 비난해서는 안 됩니다.

당신의 지금 삶에서 어느 정도의 명상 시간이 당신에게 편안한지 스스로 판단하십시오. 그런 다음 그 시간보다 5분만 더 오래 앉으십시오. 얼마나 오랜 시간 좌선해야 하는가에 관한 정해진 규칙은 없습니다. 하루에 최소 얼마의 시간을 명상하겠다고 정해 놓아도 그 시간

동안 앉기 힘든 날도 있을 것입니다. 그렇다고 그날의 명상을 완전히 포기해야 하는 것은 아닙니다. 규칙적으로 자리에 앉는 것이 무엇보다 중요합니다. 단 10분의 명상도 매우 유익할 수 있습니다.

명상 시작 전에 미리 시간을 정해두고 시작합니다. 명상을 하는 동안 불안과 지루함, 초조함이 일어난다고 해서 명상 시간을 조정하지 않습니다. 이런 식으로 마음의 들뜸에 굴복하기가 쉽습니다. 들뜸은 수행자가 마음챙김으로 관찰해야 하는 주요 대상 중 하나입니다. 수행 시간을 현실적으로 정한 다음, 그것을 지키십시오. 수행 시간을 재는 타이머를 사용해도 좋습니다. 하지만 당신이 어떻게 수행하고 있는지 알기 위해 2분마다 타이머를 들여다보지는 마십시오.

최적의 수행 시간은 따로 정해져 있지 않습니다. 하지만 최소한의 시간은 정해두는 것이 좋습니다. 최소한의 수행 시간을 미리 정하지 않으면 수행을 짧게 하고 싶을 것입니다. 수행 중 불쾌한 경험이 일어나거나 마음이 들뜰 때마다 수행에서 달아날 것입니다. 이것은 당신에게 아무런 유익함도 주지 못합니다. 사실, 수행 중 일어나는 불쾌한 경험이나 마음이 들뜨는 경험은 수행자가 마주하는 매우 유익한 경험일 수 있습니다. 그런데 이것 역시 일정 시간 자리에 앉아야만 가능한 경험입니다.

10
순수한 주의

당신의 마음이 어느 정도 호흡에 안정되게 머물고 있다면 앞에 말한 기법을 내려놓고, 순수한 주의를 기울이는 데로 나아갈 수 있습니다. 어느 시점에 당신은 표상(sign)이 지닌 즐거운 감각을 느낄 것입니다. 이 표상은 수행자들마다 다르게 나타나지만 언제나 호흡과 관련되어 일어나며 즐거운 느낌을 갖습니다. 때로 이 표상은 콧구멍 가장자리에서 강하게 나타납니다. 마음을 여기에 결합해, 이후 이어지는 모든 순간과 함께 마음이 흐르게 하십시오. 여기에 순수한 주의를 기울이면 표상 자체가 매순간 변화하고 있음을 볼 것입니다.

마음을 현재 순간, 즉 호흡이 변화하고 있는 이 순간에 두십시오. 이렇게 마음이 현재 순간과 하나 되는 것을 '순간 집중'이라고 합니다. 매순간이 하나 다음에 하나, 끊임없이 지나갈 때 마음은 그것과 보조를 맞춥니다. 마음은 매순간과 함께 변화하며, 어느 한 순간에도 머물지 않습니다. 마음은 매순간 그것과 함께 일어나고 사라집니다. 한순간 마음을 멈추려 해도 되지 않습니다. 마음은 한곳에 고정시킬 수 없습니다. 마음은 새로운 순간에 일어나는 현상과 보조를 맞추어야 합니다. 현재 순간은 어느 때든 존재하므로 우리는 깨어 있는 모든 순간을 '순간 집중'으로 만들 수 있습니다.

마음이 현재 순간과 하나가 되려면 지금 이 순간 일어나고 있는 현상을 찾아야 합니다. 그런데 현재 순간과 함께하는 일정 정도의 집중력이 없이는 변화하는 모든 순간에 마음의 초점을 맞출 수 없습니다. 호흡 수행을 통해 어느 정도의 집중력을 갖추면 그것을 당신이 경험하는 모든 대상에 주의를 기울이는 데 사용할 수 있습니다. 배와 가슴의 부풂과 꺼짐, 느낌의 일어남과 사라짐, 생각과 감정, 지각의 일어남과 사라짐에 주의를

모든 경험이 지닌
변화하는 성질과 불만족스러운 성질,
고정된 실체가 없는 성질을 관찰하십시오.

무상, 고, 무아라는
경험의 실재에 관한 앎을 가질 때
삶에 대해 더 평온하고 평화롭고
성숙한 태도를 갖게 될 것입니다.

집중할 수 있습니다.

집중된 마음 상태로 몸과 마음에서 일어나는 변화에 초점을 두고 있으면 호흡에 신체적 부분과 정신적 부분이 있음을 알게 될 것입니다. 이것을 관찰하면 호흡의 신체적 측면과 정신적 측면 모두가 언제나 변화하고 있음을 알게 됩니다. 당신의 몸 어느 부위든 자연스럽게 존재하지 않는 느낌을 일으키려 하지 말고, 몸에서 일어나는 어떤 느낌이라도 관찰하십시오. 생각이 일어나면 그것도 관찰하십시오. 당신에게 일어나는 경험을 관찰할 때 보아야 하는 것은 모든 경험이 지닌 늘 변화하는 성질(무상)과 불만족스러운 성질(고통), 그리고 고정된 실체가 없는 성질(무아)입니다.

이로써 당신은 무상, 고, 무아에 대한 더욱 깊은 이해를 얻습니다. 경험의 실재에 관한 이러한 앎으로 당신은 자신의 삶에 대해 더 평온하고 평화롭고 성숙한 태도를 갖게 될 것입니다. 당신은 무상의 미묘함과 무아의 미묘함을 볼 것입니다. 이러한 통찰은 평화와 행복으로 가는 길을 보여줍니다. 그리고 당신의 삶에서 일어나는 일상적인 문제를 다루는 지혜를 선사할 것입니다.

늘 흐르고 있는 호흡과 마음이 하나 될 때 자연스럽게 현재 순간에 마음을 집중할 수 있습니다. 호흡이 콧구멍 가장자리에 닿는 느낌을 관찰합니다. 들이쉬고 내쉬는 공기가 지닌 흙의 요소가 콧구멍의 흙의 요소와 접촉할 때 마음은 공기가 들고 나는 흐름을 느낍니다. 또 호흡 과정에서 일어나는 열의 요소가 접촉할 때 콧구멍이나 몸의 어느 부위에서든 따뜻한 느낌이 일어납니다. 흐르는 호흡이 지닌 흙의 요소가 콧구멍에 접촉하면 호흡이 지닌 무상의 느낌이 일어납니다. 호흡에는 물의 요소도 있습니다. 하지만 마음은 물의 요소를 느끼지 못합니다.

또한 신선한 공기가 폐로 들어오고 나가는 과정에서 폐와 배, 아랫배가 확장되고 수축되는 것을 느낍니다. 배와 아랫배, 가슴 부위의 확장과 수축은 보편적인 리듬의 일부입니다. 우주 만물은 우리의 호흡이나 몸처럼 확장과 수축이라는 동일한 리듬을 갖습니다. 모든 것이 일어나고 사라지고 있습니다. 우리가 관심을 기울여야 하는 것은 호흡이 일어나고 사라지는 현상, 그리고 우리 마음과 몸의 미세한 부분들입니다.

당연하게도 마음은 호흡의 느낌에 항상 머물지 않

우주 만물은 호흡이나 몸처럼
확장과 수축의 리듬을 갖습니다.
모든 것이 일어나고 사라지고 있습니다.

몸과 마음의 미세한 부분에
관심을 기울여야 합니다.

습니다. 호흡에 마음을 머물려고 해도 소리, 기억, 감정, 지각, 의식, 정신적 형성 작용 등으로 마음이 달아날 것입니다. 이때는 소리, 기억 등에 마음이 가 있음을 단순하게 관찰한 뒤, 호흡으로 마음을 돌립니다. 호흡은 마음이 몸과 마음의 온갖 상태를 향하여 짧고 긴 여행을 떠난 뒤 돌아올 수 있는 '집'과 같습니다.

이렇게 마음이 호흡으로 돌아올 때마다 우리는 끊임없는 변화와 불만족, 실체 없음에 대한 깊은 통찰에 이릅니다. 마음이 다른 대상으로 달아날 때마다 그것을 치우침 없이 관찰하십시오. 그러면 마음은 더 깊은 통찰에 이릅니다. 이때 마음은 몸과 느낌, 의식과 정신적 형성의 다양한 상태를 몸-마음 실재에 대한 깊은 통찰을 얻는 데 사용할 수 있음을 깨닫습니다.

11
걷기 명상

우리는 대개 조용한 장소에서 자리에 앉은 자세로 고요함을 수련함으로써 알아차림을 계발합니다. 이것은 자리에 앉은 자세가 그 목적을 달성하는 데 가장 용이한 자세이기 때문입니다. 한편, 몸을 움직이며 하는 명상은 그보다 조금 더 어렵습니다. 빠른 속도로 여러 활동을 하는 중에 명상하기란 더욱 어렵습니다. 연애를 하거나 말다툼을 하는 등 개인적인 활동을 하는 와중에 명상하는 것은 우리에게 궁극의 도전입니다.

명상을 당신의 일상에 가져가는 작업은 결코 간단한 과정이 아닙니다. 당신의 명상이 끝나는 지점과 당신의 실제 삶이 시작되는 지점 사이에는 커다란 간극이 존재합니다. 이 간극은 당신이 실제로 수행하지 않고는 건널 수 없습니다. 이 점에서 걷기 명상은 이 간극을 연결하는 방법이 됩니다.

걷기 명상을 하려면 최소 5~10걸음 정도 일직선으로 걸을 수 있는 개인적인 장소가 필요합니다. 걷기 명상에서 우리는 앞뒤로 왔다 갔다 하며 아주 천천히 걷습니다. 다른 사람이 보기에 당신은 일상과 단절된 별난 사람으로 보일지 모릅니다. 그러나 걷기 명상은 당신의 집 앞뜰에서 하는 운동이 아닙니다. 불필요하게 다른 사람의 주목을 받을 필요가 없습니다. 다른 사람의 시선을 신경쓰지 않아도 좋은 당신만의 장소를 선택하십시오.

걷기 명상을 하는 신체적 지침은 간단합니다. 방해받지 않는 장소를 선택한 다음, 한쪽 끝에서부터 걸음을 시작합니다. 서 있는 자신의 몸에 주의를 기울이며 1분 동안 자리에 섭니다. 양 팔은 편안하게 몸의 앞이나 뒤, 옆에 둡니다. 이제 숨을 들이쉬며 한쪽 발의 발꿈치를 듭니다. 숨을 내쉬면서 발가락 끝으로 발을 딛습니다.

걷기 명상은
우리의 명상이 끝나는 지점과
실제 삶이 시작되는 지점 사이의
커다란 간극을 연결하는 방법입니다.

이제 숨을 들이쉬며 그 발을 든 뒤 앞으로 나아갑니다. 숨을 내쉬면서 그 발을 내려놓으며 바닥에 닿습니다. 다른 발도 이 과정을 똑같이 반복합니다. 반대쪽 끝까지 아주 천천히 걷습니다. 반대쪽 끝에 이르면 1분간 자리에 선 다음, 아주 천천히 방향을 바꾸어 돌아섭니다. 돌아설 때도 돌아서는 몸의 움직임을 놓치지 않고 알아차리며 돌아섭니다. 돌아선 뒤 다시 1분 동안 서 있다가 반대 방향으로 걷습니다. 이 과정을 반복합니다.

머리는 똑바로 들고 목은 편안하게 이완합니다. 균형을 유지하기 위해 눈을 뜨되, 특정 사물이나 지점을 응시하지 않습니다. 자연스럽게 걷습니다. 최대한 느리고 편안하게 걸을 수 있는 속도를 유지하며 걷습니다. 주변을 두리번거리지 않습니다. 몸에 긴장이 쌓이면 긴장을 관찰한 다음, 바로 내려놓습니다. 걸음을 우아하게 걸으려고 하지 않습니다. 멋지게 걸으려 애쓰지 않습니다. 걷기 명상은 운동도, 춤도 아닙니다. 지금 우리는 자각 또는 알아차림을 연습하고 있습니다.

걷기 명상을 하는 목적은 걷는 동작에 대한 온전한 알아차림을 얻는 것입니다. 걸음에 대한 고도의 민감성과 온전하고도 막힘없는 경험을 얻는 것입니다. 발과 다리에서 일어나는 감각에 최대한 주의를 기울이십시오. 각각의 발이 움직일 때 일어나는 정보를 최대한 마음에 새기십시오. 지금 걷고 있는 순수한 감각에 풍덩 뛰어드십시오. 걸음의 움직임에 담긴 미묘한 뉘앙스를 모두 관찰하십시오. 걸음을 걸을 때 발과 다리의 근육을 하나하나 느껴 보십시오. 발이 바닥에 닿은 뒤 바닥에서 떨어질 때 촉각의 미세한 변화를 모두 경험해 보십시오.

걸음은 언뜻 자연스럽게 연결되는 동작처럼 보이지만 실은 일련의 작은 움직임들로 구성되어 있습니다. 그것을 관찰해 보십시오. 걸음을 구성하는 작은 움직임들을 하나도 놓치지 않도록 해 보십시오. 걸음에 대한 민감성을 높이기 위해 걸음의 동작을 몇 단계로 구분할 수도 있습니다. 각각의 걸음은 발을 듦, 나아감, 놓음의 과정을 거칩니다. 그리고 이들 각 과정에 시작과 중간, 끝이 존재합니다. 걸음의 연속적인 움직임에 조율하기 위해 걸음의 각 단계에 속으로 명칭을 붙이며 걸어 보십시오. '듦, 감, 놓음, 닿음, 누름' 등으로 속으로 명칭을 붙이는 것입니다.

이것은 걸음 동작의 순서에 익숙해지는 훈련 과정으로, 걸음을 구성하는 각 단계를 놓치지 않기 위해서입

걷기 명상을 하는 목적은
걷는 동작에 대한
온전한 알아차림을 얻는 것입니다.

걸음을 구성하는 작은 움직임을
놓치지 않으려면 걸음의 동작을
'듦, 감, 놓음, 닿음, 누름' 등으로
명칭을 붙여 몇 단계로 구분해 보십시오.

니다. 걸음을 걸을 때 일어나는 미세하고 다양한 사건들을 알아차리게 되면 명칭을 붙일 시간조차 없을 것입니다. 걸음 동작에 대한 자연스럽고 끊이지 않는 알아차림에 몰입해 있는 자신을 발견할 것입니다. 이때 발은 당신이 경험하는 세상의 전부가 됩니다. 발이 아닌 다른 곳으로 마음이 떠돈다면 지금까지 하던 대로 마음의 방황을 관찰한 뒤 걸음으로 주의를 되돌립니다. 걷기 명상을 하는 중에 자신의 발을 바라보지 않습니다. 발과 다리에 관해 머릿속으로 이런저런 그림을 그리며 걷지 않습니다.

발에 관해 생각하는 것이 아닙니다. 단지 발의 움직임을 느끼는 것입니다. 발에 관한 관념이나 발에 관한 머릿속 그림은 필요하지 않습니다. 걸을 때 일어나는 감각만을 마음에 새기면 됩니다. 처음에는 걸음의 균형을 잡는 것이 약간 어려울지 모릅니다. 지금 당신은 이전과 다른 방식으로 다리 근육을 사용하는 중입니다. 여기에 배움의 시간이 필요한 것은 당연합니다. 잘 되지 않아 좌절감이 일어난다면 그것 또한 관찰한 다음 내려놓도록 합니다. 걷는 중에 발과 다리의 촉각과 운동감각만이 연속적으로 일어날 뿐입니다. 끊임없이 변화하는 걸음이라는 경험의 원재료가 계속 발생할 뿐입니다. 걷기 명상을 통해 우리는 실재에서 달아나는 것이 아니라 실재 속으로 뛰어드는 법을 배웁니다. 걷기 명상에서 터득한 모든 통찰은 수많은 동작으로 가득한(motion-filled), 그리고 온갖 견해로 가득한(notion-filled) 우리의 삶에 곧바로 적용할 수 있습니다.

12
문제는 피할 수 없다

당신은 명상을 하는 과정에서 문제에 맞닥뜨릴 것입니다. 누구나 마찬가지입니다. 당신은 이 문제들을 끔찍한 고문으로 여길 수도 있고, 이겨낼 수 있는 도전으로 다룰 수도 있습니다. 만약 명상에서 마주치는 문제들을 버거운 짐으로 간주한다면 당신이 겪는 괴로움은 더 커질 것입니다. 그러지 않고 문제들을 배움과 성장의 기회로 삼는다면 당신의 정신적 성장은 끝없이 펼쳐질 것입니다.

명상에서 맞닥뜨리는 문제들은 종류가 다양하지만

한 가지 확실한 것은 당신이 틀림없이 문제에 맞닥뜨릴 것이란 사실입니다. 명상의 장애물을 다루는 데 있어 중요한 것은 장애물을 대하는 바른 태도입니다. 어려움은 수행에서 피할 수 없는 부분입니다. 따라서 수행자는 어려움을 활용할 수 있어야 합니다. 수행의 장애물은 배움을 얻는 소중한 기회가 됩니다.

삶은 기쁜 일과 슬픈 일이 뒤섞여 있습니다. 기쁨과 슬픔이 함께 갑니다. 명상도 예외가 아닙니다. 명상에서도 당신은 좋은 때와 나쁜 때를 모두 경험할 것입니다. 환희와 두려움을 모두 겪을 것입니다. 그러니 난관에 부딪혔다고 생각되어도 놀라지 마십시오. 능숙한 수행자라면 누구든 자기 나름의 난관을 겪어 왔습니다. 그리고 그 난관들은 앞으로도 계속 나타날 것입니다. 수행에서 난관이 나타날 것을 예상하고 그에 대처할 준비를 하십시오.

수행자로서 우리가 할 일은 자신에게 인내심을 갖고 온갖 슬픔과 언뜻 부적절해 보이는 면을 가진 자신을 치우치지 않은 방식으로 바라보는 것입니다. 자신을 친절하게 대하는 법을 배우는 것입니다. 내키지 않는 자신의 일면으로부터 고개를 돌린다면 결국 자신에게 불

어려움은 수행에서
피할 수 없는 부분입니다.
수행자는 어려움을
활용할 수 있어야 합니다.

수행의 장애물은
배움을 얻는 소중한 기회가 됩니다.
수행에서 난관이 나타날 것을 예상하고
그에 대비하십시오.

고통을 다루는 법을 배우는 것은
비관적 태도가 아닙니다.
그것은 지극히 현실적이며
낙관적인 태도입니다.

고통(pain)은 피할 수 없지만
그로 인한 괴로움(suffering)은
피할 수 있습니다.

친절한 행위가 됩니다. 역설적으로, 불쾌함이 일어날 때 있는 그대로 그것을 마주한다면 자신에 대한 친절함이 됩니다.

만약 당신이 지금 비참하다면 비참한 것입니다. 그 것이 당신의 진실입니다. 그것이 지금 당신에게 일어나고 있는 일입니다. 그러니 자신의 비참한 상태와 마주하십시오. 피하지 말고 똑바로 바라보십시오. 좋지 않은 일이 생기면 그 경험을 살펴보십시오. 마음챙김으로 그 것을 관찰하고, 그 현상을 연구하며, 그 작동방식을 탐구하십시오. 덫에서 벗어나는 방법은 덫 자체를 연구해 그것이 어떤 방식으로 만들어져 있는지 이해하는 것입니다. 덫을 구성하는 부품들을 하나씩 떼어내 보십시오. 덫을 구성하는 부품들을 하나씩 떼어놓으면 그것은 당신을 구속할 수 없습니다. 그 결과는 무엇일까요? 바로, 덫에서 벗어나는 자유입니다.

세상에는 고통이 엄연히 존재합니다. 우리가 살아가는 과정에서 어느 정도의 고통은 피할 수 없습니다. 그러니 고통을 다루는 법을 배우는 것은 비관적 태도가 아닙니다. 오히려 지극히 현실적이며 낙관적인 태도입니다. 당신은 앞으로 닥칠지 모르는 배우자의 죽음에 어떻게 대처할 것인가요? 만약 당장 내일 당신의 어머니가 돌아가신다면 어떤 느낌이 들까요? 누나 또는 친한 친구가 죽는다면요? 직장을 잃은 데다 은행 계좌가 바닥나고 다리까지 못 쓰게 된다면요? 게다가 이 모든 일이 같은 날에 일어난다면요? 남은 생을 휠체어에서 보내야 한다는 생각을 당신은 감당할 수 있나요? 만약 말기암에 걸렸다면 당신은 그 고통을 어떻게 감당할 텐가요? 그리고 마침내 당신의 죽음이 닥쳐왔을 땐 어떻게 대처할 것인가요? 당신은 이런 불행 중 일부를 피할 수 있을지 몰라도 모두를 피할 수는 없을 것입니다. 우리들 대부분은 살면서 언젠가는 가족과 친구를 잃습니다. 우리 모두가 때로 병에 걸려 아픕니다. 그리고 우리들 누구나 어느 날 죽음에 이릅니다. 당신은 이 모든 일을 겪는 중에 괴로움을 겪을 수도 있고, 자신을 활짝 열어둔 채로 그것과 마주할 수도 있습니다. 선택은 당신의 몫입니다.

고통(pain)은 피할 수 없지만 괴로움(suffering)은 피할 수 있습니다. 고통과 괴로움은 다릅니다. 만약 지금 말한 비극 가운데 어떤 것이 당신의 현재 마음 상태를 뒤흔들어 놓는다면 당신은 괴로움을 당할 것입니다. 지금 당신의 마음을 쥐고 흔드는 습관적인 패턴 때문에 당신은 그 괴로움에 계속 갇혀 지낼 것입니다. 거기에는 출구가 없습니다. 이때 마음의 습관적인 패턴과는 다른 어떤 것을 배우는 데 시간을 보내는 것은 가치 있는 일이 될 것입니다.

당신이 가진 것을 모두 버리라거나 일부러 아픔을 겪으라고 권하는 것은 아닙니다. 다만 불교에서는 불쾌함을 다루는 법을 배우는 데 시간과 노력을 쏟을 것을 권합니다. 왜냐하면 고통 가운데는 피할 수 없는 것이 있기 때문입니다. 당신을 향해 달려오는 트럭이 있다면 어떤 수를 써서라도 피해야 합니다. 그렇지만 명상을 하는 데도 얼마간의 시간을 투자하십시오. 불쾌함을 다루는 법을 익히는 것은 눈에 보이지 않는 '트럭'에 대비하는 유일한 방법입니다.

수행을 하다 보면 문제가 생길 것입니다. 어떤 문제는 신체적인 것이고, 어떤 문제는 감정적인 것이며, 또 어떤 문제는 수행의 태도와 관련된 것입니다. 이 모든 문제에 직면하십시오. 그러면 문제들이 나름대로 반응을 해 올 것입니다. 문제들이 어떤 반응을 해 오든 괴로움에서 벗어나는 기회로 삼으십시오.

13

신체적 통증

통증을 좋아하는 사람은 없습니다. 모든 사람이 갖가지 통증을 겪습니다. 통증은 우리가 살면서 가장 흔하게 경험하는 것 중 하나입니다. 명상 수행에서도 이런저런 통증이 일어나게 마련입니다. 통증을 다루는 과정은 두 단계로 나뉩니다. 첫 단계는 신체적으로 통증을 다루는 것입니다. 각종 질병으로 인한 통증은 의료적 처치를 통해 다룰 수 있습니다. 이 경우라면 표준적인 의료적 처치를 받은 다음에 명상을 하십시오. 약을 먹어야 한다면 먹고, 발라야 한다면 바르십시오. 어떤 조치건 평소 하던

대로 하십시오.

　다음으로, 자리에 앉는 자세 때문에 생기는 통증이 있습니다. 긴 시간 바닥에 다리를 포개고 앉아 보았다면 여기에 적응하는 시간이 필요할 것입니다. 이때 생기는 불편함 중에는 어쩔 수 없는 통증이 있습니다. 신체 어느 부위의 통증이냐에 따라 그에 맞는 방법으로 대처할 수 있습니다. 다리나 무릎에 통증이 있다면 바지가 너무 꽉 끼거나 두꺼운 소재가 아닌지 확인하십시오. 방석도 살펴보십시오. 눌렀을 때 최소 8센티미터 정도는 되어야 합니다. 허리에 통증이 있다면 벨트를 느슨하게 해보십시오. 필요하다면 바지의 허리밴드를 풀어주십시오. 허리에 통증이 있다면 자세가 문제일 수 있습니다. 구부정한 자세를 오래 하고 있으면 허리에 통증이 일어나므로 자세가 구부정하다면 허리를 곧게 펴줍니다. 허리를 곧게 펴되 뻣뻣하지 않게 하십시오. 목이나 등 쪽의 통증은 몇 가지 원인이 있습니다. 첫째는 손이 부적절한 위치에 있을 때입니다. 손은 허리 높이까지 올리지 말고 편안하게 넓적다리 안쪽에 두십시오. 팔과 목 근육을 편안하게 이완하십시오. 머리를 앞으로 숙이지 말고 바로 세워 척추와 일직선이 되도록 하십시오.

이렇게 몸의 자세를 조정해도 사라지지 않는 통증이 있을 것입니다. 그렇다면 이제 통증을 다루는 다음 단계를 밟을 차례입니다. 그것은 '통증 자체'를 명상의 대상으로 삼는 것입니다. 지금 상태 그대로, 무엇도 바꾸지 말고, 당신이 느끼는 통증을 깨어 있는 마음으로 관찰하십시오. 통증이 커지면 호흡에 가 있던 주의가 저절로 통증 감각으로 끌려갈 것입니다. 그렇게 끌어당기는 주의에 맞서 싸우지 마십시오. 그저 통증이라는 단순한 감각으로 자연스럽게 주의가 이동하도록 놓아두십시오. 지금 일어나는 통증 속으로 온전히 들어가십시오. 통증의 경험을 차단하지 말고 그 느낌을 탐구해 보십시오. 통증을 피하려는 반응을 넘어, 그 아래 있는 통증의 순수한 감각 속으로 들어가 보십시오.

그러면 거기에 두 가지가 있음을 알게 될 것입니다. 첫째는 통증이라는 단순한 감각입니다. 통증 자체의 신체감각을 말합니다. 둘째, 통증의 신체 감각에 대해 당신이 일으키는 '저항'이 있습니다. 이 저항 반응은 일부는 신체적인 것이며, 일부는 정신적인 성격을 갖습니다. 저항 반응의 신체적 부분은 통증 부위의 속과 주변 근육의 긴장으로 이루어져 있습니다. 그 근육들을 풀어주십시오. 근육 하나하나를 완전히 풀어줍니다. 이 과정

통증이라는 단순한 감각으로
자연스럽게 주의가 이동하도록 두십시오.

지금 일어나는 통증 속으로
온전히 들어가십시오.

통증의 경험을 차단하지 말고
그 느낌을 탐구해 보십시오.

만으로 통증이 상당 부분 줄어들 수 있습니다.

이제 저항 반응의 정신적 부분을 살펴볼 차례입니다. 신체적으로 긴장하듯이 당신은 정신적으로 긴장한 상태일 수 있습니다. 어쩌면 당신은 통증 감각을 '마음으로' 억누르고 있는지도 모릅니다. 거부 반응의 정신적 부분은 소리 없이 이렇게 말합니다. "이 느낌이 싫어. 어서 사라져!" 하고 말입니다. 정신적 거부 반응은 극히 미세해 잘 알아보지 못하지만, 제대로 들여다보면 알 수 있습니다. 그것을 찾아내 풀어주십시오.

정신적 거부 반응은 신체적 거부 반응보다 더 미세합니다. 당신의 내면에서 일어나는 거부 반응을 정확하게 전달할 어휘를 찾기란 어렵습니다. 비유를 통해 이해하는 수밖에 없습니다. 근육이 긴장할 때 그것을 풀어주었던 것처럼 정신적 영역에 대해서도 그렇게 해 봅니다. 몸을 풀어주듯이 마음을 풀어주는 것입니다. 불교에서는 우리의 몸과 마음이 서로 밀접히 연관되어 있다고 봅니다. 둘은 너무도 밀접히 연결되어 사람들은 몸과 마음을 별도의 두 과정으로 보지 않습니다. 사람들에게 있어 몸을 풀어주는 것은 마음을 풀어주는 것이고, 마음을 풀어주는 것은 곧 몸을 풀어주는 것입니다. 사람들은 몸의 이완이든, 마음의 이완이든 단일한 하나의 과정으로 경험합니다. 어느 경우든 거부 반응이 일어난다면, 알아차림이 그것을 넘어 그 아래 흐르고 있는 감각 속으로 들어갈 때까지 완전히 내려놓으십시오.

저항 반응은 당신 스스로 만든 장벽입니다. 그것은 나와 타자 사이의 간격이며 거리감입니다. '나'와 '통증' 사이의 경계선입니다. 그 장벽을 허무십시오. 그러면 분리는 사라질 것입니다. 일어나는 감각의 바다로 천천히 들어가 통증과 하나가 되십시오. 당신이 곧 통증이 되는 것입니다. 통증이 밀려왔다 밀려가는 것을 지켜보십시오. 그러면 놀라운 일이 일어날 것입니다. 통증이 더 이상 당신을 괴롭히지 못할 것입니다. 괴로움이 사라질 것입니다. 오직 통증만이, 즉 통증 자체의 순수한 경험만이 남습니다. 다른 것은 없습니다.

이제 통증 때문에 괴로움을 당하는 '나'는 사라졌습니다. 그 결과는 무엇일까요? 통증에서 벗어난 자유입니다. 이것은 점진적으로 일어나는 과정입니다. 처음에 작은 통증을 이겨낼 수 있다면 나중에는 큰 통증을 극복할 수 있습니다. 우리가 습득하는 대부분의 기술처럼, 이 기술 역시 연습할수록 향상합니다. 더 많이 연습

일어나는 감각의 바다로 들어가
통증과 하나가 되십시오.
당신이 곧 통증이 되는 것입니다.

그러면 통증이 더 이상 당신을
괴롭히지 못할 것입니다.
괴로움이 사라질 것입니다.

오직 통증 자체의
순수한 경험만이 남을 것입니다.

할수록 통증을 더 잘 다룰 수 있습니다. 여기서 핵심은 자기를 학대하는 것이 아니란 점입니다. 우리는 지금 자기를 고문하는 것이 아니라 알아차림을 연습하고 있습니다.

통증이 너무 심해지면 자세를 움직여도 됩니다. 그러나 이때에도 마음챙김으로, 즉 깨어 있는 마음으로 몸의 움직임을 알아차리며 자세를 바꿉니다. 그런 다음, 정지 상태로 다시 돌아옵니다. 몸의 움직임을 관찰하십시오. 몸을 움직일 때 어떤 느낌이 드는지 지켜보십시오. 이렇게 몸을 움직일 때 통증이 어떻게 변하는지 지켜보십시오. 통증이 줄어드는지 보십시오. 몸을 너무 많이 움직이지 마십시오. 적게 움직일수록 깨어 있는 마음을 온전히 유지하기가 더 용이합니다.

초보 수행자들은 흔히 통증 때문에 마음챙김을 지속하기 어렵다고 말합니다. 그러나 그것은 마음챙김을 잘못 이해한 것입니다. 그들은 마음챙김을 통증 경험과는 별개의 어떤 것으로 이해합니다만 실은 그렇지 않습니다. 마음챙김은 결코 그 자체로 존재하지 않습니다. 마음챙김은 언제나 대상을 갖습니다. 마음챙김에는 언제나 알아차림의 대상이 있습니다. 그리고 알아차림의 대상으로서 '좋거나 나쁜' 것은 따로 없습니다. 어떤 대상이든 상관이 없습니다.

호흡을 마음챙김 하듯이 우리는 통증을 마음챙김 할 수 있습니다. 다만, 있는 그대로의 통증에 무엇도 더하지 않고, 통증의 어떤 부분도 놓치지 않아야 합니다. 개념이나 이미지, 머릿속 생각으로 통증의 순수한 감각을 가리지 않아야 합니다. 그러면서 바로 지금 일어나고 있는 통증에 알아차림을 두어야 합니다. 통증이 시작되고 끝나는 시점을 놓치지 않도록 합니다. 통증에 마음챙김이라는 밝은 빛을 비춥니다. 그러지 않으면 통증에 대해 두려움과 불안, 화 등의 감정 반응을 일으키게 됩니다.

이런 감정 반응은 당신이 통증 감각 자체에 덧씌운 것입니다. 당신은 통증에 관해 마음속으로 이미지와 그림을 그리고 이야기를 지어냈습니다. 만약 다리에 통증이 있다면 당신은 그 통증을 멋진 색으로 칠합니다. 이것은 매우 창의적이고 나름 즐거운 과정일 수 있지만, 우리가 바라는 것은 아닙니다. 통증에 덧씌운 이미지와 이야기들은 살아 있는 실재에 당신이 덧씌운 관념일 뿐입니다. 당신은 통증에 관념을 덧씌우며 이렇게 생각합

마음챙김은
그 자체로 존재하지 않습니다.

마음챙김은 언제나 대상을 갖습니다.
마음챙김에는 언제나
알아차림의 대상이 있습니다.

알아차림의 대상으로서
'좋거나 나쁜' 것은 없습니다.
어떤 대상이든 상관이 없습니다.

니다. '나의 다리에 통증이 있어.' 여기서 '나'라는 것은 관념입니다. '통증'도, '나의 다리'도 관념입니다. 모두가 통증이라는 순수한 감각에 당신이 덧씌운 관념에 불과합니다.

통증을 제대로 바라볼 때는 그런 감정 반응이 일어나지 않습니다. 이때 통증은 단지 '감각'에 불과합니다. 단순한 에너지에 지나지 않습니다. 이런 식으로 신체 통증을 다루는 법을 익힌다면 삶의 다른 영역에도 이 기술을 적용할 수 있습니다. 당신은 어떤 불쾌한 감각이 일어나더라도 이 기법을 사용할 수 있습니다. 통증에 통하는 방법은 불안이나 만성 우울에도 통할 수 있습니다. 이 기법은 당신의 삶에서 가장 유용하고 적용 가능한 기술이 될 것입니다.

14
다리 저림 등 불편한 신체감각을
다루는 법

수행 초보자나 경험 있는 수행자라도 수행 중에 다리가 저리는 현상을 흔히 경험합니다. 당신도 이것 때문에 걱정이 되어 자리에서 일어나 몸을 움직이고 싶은 충동을 느낄 수 있습니다. 아니면 혈액 순환이 되지 않으면 괴저병이 생긴다고 생각할지도 모릅니다. 그러나 다리 저림은 걱정할 필요가 없습니다. 혈액 순환이 안 되어서가 아니라 신경이 눌려서 그런 것입니다. 자리에 앉는다고 해서 다리의 내부 조직이 손상을 입지는 않습니다. 이점을 알면 마음이 놓일 것입니다.

수행 중에 다리가 저려 오면 마음챙김으로 다리 저림을 관찰하십시오. 다리가 저린 것이 어떤 느낌인지 살펴보십시오. 불편할 수는 있어도, 긴장하지 않는다면 그다지 고통스럽지 않을 것입니다. 평온한 마음으로 저림을 지켜보십시오. 앉아 있는 동안 계속해서 다리가 저린다 해도 큰 문제는 아닙니다. 일정 기간 명상을 하다 보면 다리 저림이 서서히 사라질 것입니다.

사람들은 명상을 하는 중에 온갖 다양한 현상을 경험합니다. 어떤 사람은 가려움을, 어떤 사람은 따끔거림을, 어떤 사람은 깊은 이완과 가벼운 느낌, 붕 뜨는 느낌을 경험합니다. 당신도 팽창하거나 움츠러드는 느낌, 공기 중에 붕 뜨는 느낌을 느낄지 모릅니다. 수행 초보자들은 이런 감각에 종종 예민하게 반응합니다. 몸과 마음이 이완되면 신경계는 이들 감각 신호를 더 효율적으로 처리합니다. 그러면 지금까지 차단해 왔던 다량의 감각 데이터가 한꺼번에 쏟아져 들어와 온갖 종류의 독특한 감각이 일어납니다. 그러나 여기에 특별한 의미를 부여할 필요는 없습니다. 그저 감각에 지나지 않습니다. 그에 맞는 적당한 기법을 사용하면 됩니다. 감각이 일어나고 사라지는 것을 지켜보십시오. 거기에 휘말리지 마십시오.

명상을 하는 중에 경험하는
다양한 현상들에 특별한 의미를
부여할 필요는 없습니다.

일어나고 사라지는
감각을 지켜보십시오.
거기에 휘말리지 마십시오.

15
졸림, 집중하기 어려움,
무력감, 지루함

수행 중 졸리는 것은 흔한 현상입니다. 수행 중에 우리는 편안하고 이완된 상태가 됩니다. 안타깝게도 평소 우리는 잠이 들 때에만 이처럼 편안하고 이완된 상태를 경험합니다. 따라서 평온하고 이완된 상태에서 잠에 떨어지는 것은 자연스러운 현상입니다. 이 경우에는 졸린 상태 자체에 마음챙김을 가져가 봅니다. 졸림은 그 자체의 분명한 특성을 갖고 있습니다. 졸릴 때면 생각의 과정에 특정한 변화가 일어납니다. 그것이 무엇인지 살펴보십시오. 졸릴 때면 몸에도 특정한 느낌이 일어납니다.

몸에 일어나는 느낌을 찾아보십시오.

　이렇게 졸림을 살펴보는 알아차림은 졸림과 정반대의 성격을 갖습니다. 이런 알아차림을 통해 졸림은 대개 사라질 것입니다. 만약 사라지지 않는다면 졸림이 일어나는 신체적 원인을 살펴야 합니다. 그것이 무엇인지 알아내 적절한 조치를 취해야 합니다. 밥을 너무 많이 먹어 졸릴 수도 있습니다. 수행을 할 때는 가볍게 먹는 것이 좋습니다. 식사를 많이 했다면 한 시간 정도 기다렸다 수행하는 것이 좋습니다. 그리고 분명한 사실을 간과하지 않아야 합니다. 바깥에서 하루 종일 육체노동을 했다면 당연히 피곤할 것입니다. 전날 잠을 못 잤다 해도 마찬가지입니다. 당신의 몸이 지금 무엇을 필요로 하는지 살펴본 다음에 수행을 하십시오.

　졸음에 굴복하지 마십시오. 늘 깨어 있으십시오. 마음챙김 하십시오. 심하게 졸린다면 깊이 숨을 들이쉰 다음, 참을 수 있는 한 숨을 참아 보십시오. 그런 다음 천천히 숨을 내쉽니다. 다시 한 번 숨을 깊게 들이쉰 다음, 최대한 숨을 참은 뒤 천천히 숨을 내쉽니다. 몸이 따뜻해지고 졸음이 사라질 때까지 이 연습을 반복하십시오. 그런 다음 다시 호흡으로 돌아옵니다.

당신에게 일어나는 모든 현상을
마음챙김으로, 즉 깨어 있는 마음으로
관찰하십시오.

지극히 행복한 느낌이 일어나면
'느낌'으로 관찰하십시오.
마음의 둔함은 '둔함'으로 관찰하십시오.

일어나고 사라지는 현상을 지켜보십시오.
현상에 휩쓸리지 마십시오.

마음이 둔해지는 현상은 집중이 깊어진 결과로 생기는 원치 않는 부산물일 수 있습니다. 이완이 깊어지면 근육이 풀어지면서 신경 전달에 변화가 생깁니다. 그러면 몸에 매우 평온하고 가벼운 느낌이 일어납니다. 아주 고요한 느낌이 들면서 몸에서 분리된 것 같은 느낌이 듭니다. 이것은 매우 즐거운 상태입니다. 처음에 당신은 집중력이 매우 좋아 호흡에 중심을 잘 잡고 있습니다. 그러나 집중이 계속되다 보면 즐거운 느낌이 커지고, 그 즐거운 느낌으로 당신의 주의는 호흡에서 달아납니다. 당신은 그 상태를 정말로 즐기게 되고, 당신의 마음챙김은 힘이 약해질 것입니다. 모호한 축복감의 구름 사이로 주의가 흩어지고 맙니다. 그 결과는 마음챙김이 없는 상태, 황홀한 도취 상태입니다.

이에 대한 치료책은 물론 마음챙김입니다. 마음챙김으로, 즉 깨어 있는 마음으로 이 현상을 관찰하십시오. 그러면 그 현상도 사라질 것입니다. 지극히 행복한 느낌이 일어나면 그것을 받아들입니다. 회피할 필요는 없습니다. 다만, 그것에 빠지지 않도록 하십시오. 그것은 신체적 느낌이므로, 신체적 느낌으로 다루도록 하십시오. 느낌은 '느낌'으로 관찰하십시오. 마음의 둔함은 '둔함'으로 관찰하십시오. 일어나고 사라지는 것을 지켜보십시오. 일어나고 사라지는 현상에 휩쓸리지 마십시오.

마음의 둔함의 반대편에는 지나치게 활동적인, 널뛰는 주의가 있습니다. 이것은 누구나 때로 경험하는 현상입니다. 이렇게 주의가 산만해지는 현상은 대개는 앞의 8장 '마음이 방황할 때는'에 제시한 방법으로 다룰 수 있습니다. 그런데 주의 산만을 일으키는 외부 요인도 있습니다. 이때는 당신의 생활의 순서를 조정함으로써 이 문제를 다룰 수 있습니다.

마음속의 이미지도 명상 수행에 큰 영향을 줍니다. 마음속 이미지는 오랜 시간 마음에 계속 머물기도 합니다. 모든 이야기 예술은 마음속의 이미지를 조작하는 것으로, 솜씨 좋은 작가가 창작한 이야기의 등장인물과 이미지는 우리의 마음에 강하고도 오랜 영향을 남깁니다. 올해 최고의 영화를 본 직후에 명상을 한다면 당신의 마음은 영화의 이미지로 가득할 것입니다. 무서운 공포소설을 읽은 뒤 명상한다면 명상을 하는 동안 괴물의 이미지가 당신의 마음에 넘쳐날 것입니다. 그러니 순서를 바꾸십시오. 명상을 먼저 한 다음에 영화를 보거나 책을 읽으십시오.

또 하나, 명상 수행에 영향을 미치는 요소는 당신의 감정 상태입니다. 당신의 삶에서 실제로 갈등이 있다면, 그로 인한 불안감이 명상 수행에 영향을 줄 것입니다. 명상을 시작하기 전에 일상의 갈등 요소를 먼저 해결하십시오. 그러면 당신의 삶이 더 부드럽게 흘러갈 것이며, 수행을 하는 동안 불필요한 생각이 떠오르지 않을 것입니다. 단, 이것을 명상을 피하는 구실로 삼지는 마십시오. 때로 명상을 하려고 자리에 앉기 전에 모든 문제를 해결할 수는 없습니다. 그냥 진행하십시오. 어떻게든 자리에 앉으십시오.

당신을 좁은 견해에 갇히게 하는 모든 자기중심적 태도를 내려놓는 기회로 당신의 명상을 활용하십시오. 자기중심적 태도를 내려놓으면 당신이 가진 문제가 더 수월하게 해결될 것입니다. 마음이 도저히 안정되지 않는 날도 있습니다. 원인을 결코 찾지 못하는 때도 있습니다. 때로 명상은 그와 같습니다.

이러한 종류의 명상은 주로 알아차림을 연습하는 것입니다. 마음을 비우는 것은 지금 마음이 무엇을 하고 있는지 마음챙김 하는 것만큼 중요하지 않습니다. 당신의 마음이 미친 듯 날뛰고 그것을 멈추기 위해 할 수 있는 일이 없다면 단지 지켜보십시오. 그 모든 것이 '당신' 입니다. 그 결과, 당신은 자기 탐구라는 당신의 여정에서 한 발 더 나아갈 수 있습니다. 무엇보다 마음속에서 끊임없이 재잘대는 목소리에 좌절하지 마십시오. 마음속의 재잘거림 또한 당신이 마음챙김 해야 하는 또 하나의 대상일 뿐입니다.

한편으로, 코로 들어오고 나가는 공기를 느끼는 것 외에 아무 일도 하지 않고 한 시간 동안 자리에 앉아 있는 것보다 지루한 일을 떠올리기란 힘듭니다. 지루함이 일어날 것입니다. 지루함은 마음의 상태이므로 마음의 상태로서 다루어야 합니다. 지루함을 다루는 데 도움이 되는 두 가지 간단한 방법이 있습니다.

방법 ❶

진정한 마음챙김을 다시 확립합니다. 호흡을 반복해서 관찰하는 것이 너무도 지루하게 느껴진다면, 분명 당신은 진정한 마음챙김으로 호흡의 과정을 관찰하지 못한 것입니다. 진정한 마음챙김은 결코 지루하지 않습니다. 다시 들여다보십시오. 호흡이 어떤 것인지 이미 안다고 짐작하지 마십시오. 보아야 할 것은 이미 보았다고 당연하게 여기지 마십시오.

마음을 비우는 것보다 중요한 것은
지금 마음이 무엇을 하고 있는지
아는 것입니다.

미친 듯 날뛰고 있는 마음을 멈추기 위해
당신이 할 수 있는 일이 없다면
단지 지켜보십시오.

마음속의 재잘거림 또한
마음챙김 해야 하는
하나의 대상일 뿐입니다.

만약 호흡을 안다고 생각한다면 당신은 살아 있는 실재를 관찰한 것이 아니라 호흡의 과정을 개념화 한 것입니다. 호흡을(또는 다른 어떤 것이라도) 명료하게 마음챙김 했다면 그것은 결코 지루하지 않습니다. 마음챙김은 모든 것을 아이의 눈으로, 경이감으로 바라봅니다. 마음챙김은 모든 순간을 마치 처음인 듯, 세상에 유일한 순간인 듯 봅니다. 그러니 당신에게 보이는 것이 지루함뿐이라면, 다시 보십시오.

방법 ❷

당신의 마음 상태를 살펴보십시오. 지루해하는 지금 당신의 마음 상태를 깨어 있는 마음챙김으로 보십시오. 지루함은 어떤 것입니까? 지루함이 어디에 있습니까? 그것은 어떤 느낌입니까? 지루함을 구성하는 정신적 요소는 무엇입니까? 지루함이 가진 신체적 느낌은 어떠합니까? 지루함은 당신의 생각의 과정에 어떤 영향을 줍니까? 새로운 눈으로 지루함을 보십시오. 마치, 전에 한 번도 본 적 없다는 듯이 지루함이라는 상태를 보십시오.

16

두려움과 동요

명상 중에 특별한 이유 없이 두려움의 상태가 일어나기
도 합니다. 두려움은 흔히 일어나는 현상으로, 거기에는
여러 가지 이유가 있을 수 있습니다. 생각의 덩어리 가
운데 감정의 요소라는 것이 있습니다. 감정은 종종 생각
이 일어나기 전에 우리의 의식에 흘러 들어옵니다. 이것
때문에 두려움이 일어날 수 있습니다.

아니면 지금 당신은 우리 모두가 두려워하는 두려
움을 겪고 있는지 모릅니다. 그것은 바로, 알지 못하는

대상에 대한 두려움입니다. 명상을 하는 과정에서 당신은 지금 당신이 명상에서 하고 있는 일이 큰 의미를 갖는다는 데 깜짝 놀랄지 모릅니다. 다시 말해, 명상을 통해 당신은 지금껏 삶의 이유를 대거나 엄연한 현실을 가리는 데 사용해 온 환영의 장막을 걷어내는 작업을 하고 있습니다. 이제 당신은 명상으로 궁극의 진실과 대면하려 합니다. 이것은 두려운 일입니다. 그러나 궁극적으로 이것 또한 당신이 다루어야 하는 일입니다. 앞으로 나아가십시오. 그 안으로 뛰어드십시오.

두려움이 일어나는 세 번째 원인은, 그 두려움이 당신 스스로 만들어낸 느낌일 수 있다는 점입니다. 당신은 두려움에 걸려 있는 나머지, 계속해서 두려움을 키우고 있는지 모릅니다. 이런 경우라면 깨어 있는 주의를 호흡으로 향하십시오.

당신이 지금 느끼는 두려움의 원인이 무엇이든, 치료법은 마음챙김입니다. 두려움이 일어나면 일어나는 두려움을 있는 그대로 관찰하십시오. 두려움에 집착하지 말고, 그것이 일어나는 것을 그저 지켜보십시오. 두려움이 당신에게 어떤 영향을 주는지 알아보십시오. 두려움이 당신의 느낌에 그리고 몸에 어떤 영향을 주는지

당신이 지금 느끼는
두려움의 원인이 무엇이든,
치료법은 마음챙김입니다.

두려움이 일어나면
일어나는 두려움을
있는 그대로 관찰하십시오.

두려움에 집착하지 말고,
일어나는 두려움을
그저 지켜보십시오.

살펴보십시오. 두려운 공상에 사로잡힌 자신의 모습을 보았다면 단지 그 이미지를 마음챙김으로 관찰하십시오. 이미지는 이미지로, 기억은 기억으로 보십시오. 그리고 그와 함께 일어나는, 당신이 일으키는 감정 반응도 관찰하십시오. 그것이 감정 반응임을 아십시오. 감정 반응의 과정 곁에 선 채로 지켜보십시오. 그것에 휘말리지 마십시오. 이 모든 역동을 마치 호기심 많은 구경꾼인 듯 다루어 보십시오. 가장 중요한 것은 지금 당신이 처한 상황에 맞서 싸우지 않는 것입니다.

지금 당신에게 떠오르는 기억과 느낌, 공상을 억누르지 마십시오. 그저 한 발 옆으로 비켜나, 뒤죽박죽된 모든 것이 자연스럽게 떠오른 뒤 지나가도록 놓아두십시오. 그것은 단지 기억일 뿐입니다. 단지 공상일 뿐입니다. 두려움에 지나지 않습니다.

초조함과 불안은 종종 무의식에서 일어나고 있는 깊은 경험을 가릴 수도 있습니다. 인간은 자신의 내면을 억누르는 데 대단히 뛰어납니다. 우리는 자신이 경험하는 불쾌한 생각에 직면하기보다 그 문제를 다루지 않아도 좋도록 그것을 덮어 버리려 합니다. 그러나 불행히도 대개는 그에 성공하지 못합니다. 적어도 완전히 성공하지는 못합니다. 우리는 불쾌한 생각을 숨기지만, 그것을 덮어 가리는 데 사용하는 정신 에너지는 그대로 남아 계속해서 끓고 있습니다. 그 결과는 불안 또는 초조함이라고 하는 불편한 느낌입니다.

이것이라고 정확하게 짚어낼 만한 두려움의 원인이 없음에도 당신의 마음이 편하지 않을 수 있습니다. 편안하게 이완하지 못합니다. 명상 중에 이런 불편한 상태가 일어난다면 그 상태를 단지 관찰하십시오. 그것이 당신을 지배하도록 놓아두지 마십시오. 그렇다고 자리에서 일어나 도망가지도 마십시오. 불편함과 맞서 싸우며 그것이 사라지도록 애쓰지도 마십시오. 그것이 거기 그대로 있도록 허용하면서 가만히 지켜보십시오. 그러면 마음속에 억눌렀던 것들이 의식 표면으로 떠오르면서 당신이 지금까지 걱정하고 있던 것이 무엇인지 알게 될 것입니다.

당신이 회피하려 애쓴 불쾌한 경험은 어떤 것이든 될 수 있습니다. 그것이 무엇이든, 일어나도록 놓아둔 뒤 마음챙김으로 관찰하십시오. 자리에 가만히 앉아 마음의 불안을 관찰한다면 그것은 마침내 지나갈 것입니다. 불안의 한가운데서 자리에 앉아 있을 수 있다는 사실 자체가 당신의 명상 경험에서 작지만 중요한 도약점이 됩니다. 그것은 당신에게 많은 것을 가르쳐 줄 것입니다. 불안이 실제로는 하나의 피상적인 마음 상태에 불과함을 알게 될 것입니다. 그것은 본질적으로 일시적입니다. 일어났다 사라집니다. 불안은 실제로 당신을 구속하지 못합니다.

17

지나친 노력과 과도한 기대,
그리고 낙담

오랜 명상 경험을 가진 사람들은 종종 매우 유쾌한 사람들입니다. 그들은 인간이 가진 보물 중 가장 값진 것 하나를 갖고 있습니다. 유머감각이 그것입니다. 그들은 자신의 인간적 결점에 대해 웃을 줄 알며 개인적 위기에 대해서도 낄낄거릴 줄 압니다. 한편 명상 초보자들은 '잘 해야 한다'며 지나치게 심각한 태도로 임합니다. 긴장하며 애를 씁니다. 과도하게 결과를 원하며, 모든 것을 너무 진지하게 받아들입니다.

명상을 배우는 방법은 오직 하나,
직접 명상을 하는 것뿐입니다.

명상을 직접 경험함으로써만
명상이 무엇을 위한 것이며,
당신을 어디로 이끄는지
알 수 있습니다.

명상 초보자들은 종종 명상에 엄청난 기대를 품습니다. 그들은 곧바로 명상에 뛰어들고는 믿을 수 없을 정도의 결과를 당장에 기대합니다. 밀어붙이며, 긴장합니다. 애쓰면서 지나치게 심각하고 근엄합니다. 그러나 이런 긴장은 마음챙김과 정반대의 상태입니다. 따라서 얻는 것도 적습니다. 그러면서 마음챙김 명상이 재미가 없다고 섣불리 결론 내립니다. 자신들이 원하는 것을 주지 않았기 때문입니다. 그렇게 그들은 명상을 그만둡니다.

그러나 명상을 배우는 방법은 오직 하나뿐입니다. 직접 명상을 하는 것입니다. 명상을 직접 경험함으로써만 명상이 무엇을 위한 것이며, 당신을 어디로 이끄는지 알 수 있습니다. 초보자들은 명상 수행이 자신을 어디로 이끄는지에 관한 감각이 없으므로 자신이 어디로 향하고 있는지 잘 알지 못합니다. 명상을 처음 시작하는 사람들은 명상에 대해 온갖 잘못된 기대를 품습니다. 하지만 그런 기대는 아무런 유익을 주지 못합니다.

지나친 노력은 뻣뻣함과 불행감, 죄책감과 자기비난으로 이어집니다. 과도한 노력을 기울일 때 기계적인 노력을 기울이게 됩니다. 그러면 마음챙김을 시작하기도 전에 그것을 잃고 맙니다. 과도한 노력은 어떤 것이든 내려놓아야 합니다. 기대와 긴장을 내려놓으십시오. 꾸준하고 균형 잡힌 노력으로 단순하게 명상하십시오. 당신의 명상을 즐기십시오. 지나친 노력과 애씀으로 자신에게 부담을 지우지 마십시오. 단순하게 하십시오. 그저 마음챙김 하십시오.

그러면 당신의 명상은 스스로 되어갈 것입니다. 지나친 노력은 좌절을 가져옵니다. 이때 당신은 긴장 상태에 있게 됩니다. 어디에도 이르지 못합니다. 당신이 기대했던 향상을 이루지 못하고 있음을 알고는 낙담할 것입니다. 당신은 자신을 '실패자'라고 여깁니다. 이것은 매우 자연스러운 사이클입니다. 그러나 피할 수 있는 사이클입니다. 비현실적인 기대를 좇아 애쓰는 것이 그 원인입니다.

이렇게 낙담한 자신을 발견한다면 그저 당신의 마음 상태를 또렷이 관찰하십시오. 거기에 무엇도 덧붙이지 마십시오. 단지 지켜보십시오. '나는 실패자'라는 생각은 또 하나의 일시적인 감정 반응에 불과합니다. 거기에 얽혀든다면 당신의 부정적인 에너지는 더 커질 것입니다. 그저 곁에 서서 지켜보십시오. 그러면 그것 또한

기대와 긴장을
내려놓으십시오.

꾸준하고 균형 잡힌 노력으로
단순하게 명상하십시오.

당신의 명상을 즐기십시오.
지나친 노력과 애씀으로
스스로 부담을 지우지 마십시오.

단순하게 하십시오.
그저 마음챙김 하십시오.

명상에 실패란 없습니다.
당신은 언제든
마음챙김을 할 수 있습니다.

당신의 선택입니다.
마음챙김을 하지 못했다고 깨닫는 순간,
그 깨달음 자체가 마음챙김입니다.

지나갈 것입니다.

명상에서 실패했다고 생각해 낙담한다면 그것은
어떤 의미에서 다루기가 더 쉽습니다. 당신은 수행에 실
패했다고 생각합니다. 당신은 마음챙김을 하지 못했습
니다. 이때는 실패했다는 느낌 자체를 마음챙김 해 보십
시오. 이 간단한 방법만으로 당신은 마음챙김을 다시 확
립한 것입니다. 당신이 실패했다고 느끼는 이유는 지나
간 일에 대한 기억뿐입니다.

진정으로, 명상에 실패란 없습니다. 퇴보나 어려움
은 있을지 몰라도, 명상을 완전히 포기하지 않는 한, 명
상에 실패란 없습니다. 20년의 시간을 명상에 쏟고도
특별한 성과를 내지 못했다 해도 당신은 언제든 마음챙
김을 할 수 있습니다. 당신의 선택입니다. 후회는 마음
챙김을 하지 않는 또 하나의 방법일 뿐입니다. 마음챙김
을 하지 못했음을 깨닫는 순간, 그 깨달음 자체가 마음
챙김입니다. 그 과정은 이렇게 계속됩니다. 당신의 명상
이 감정 반응 때문에 방해받지 않도록 하십시오.

18
수행하기 싫은 마음

명상 수행을 하고 싶지 않을 때가 있습니다. 한 차례 수행을 빠트리는 것은 문제가 되지 않지만 명상을 빼먹는 것이 습관이 되어 버린다면 문제입니다. 이런 때는 수행하기 싫은 마음을 지혜롭게 다루어야 합니다. 어떻게든 자리에 앉으십시오. 앉기 싫어하는 그 느낌을 가만히 관찰해 보십시오. 그러면 대개 그 느낌이 눈앞에서 감쪽같이 사라질 것입니다. 자리에 앉은 뒤 5분도 채 안 되어 사라질 수도 있습니다. 만약 기분이 안 좋은 날이라면 수행하기 싫은 마음이 더 오래 갈 수도 있습니다. 그렇더라도 그것은 지나갈 것입니다. 어느 경우든 20~30분 동안에 수행하기 싫은 마음을 없애는 것이 하루 종일 그 마음을 지닌 채 불편해하는 것보다 낫습니다.

수행하기 싫은 마음은 수행 자체에 대해 당신이 겪고 있는 어려움 때문에 일어나기도 합니다. 당신은 그 어려움이 무엇인지 알 수도 있고 모를 수도 있습니다. 문제가 무엇인지 안다면 이 책에 소개한 방법으로 문제를 하나씩 해결해 가십시오. 문제가 해결되면 수행하기 싫은 마음도 일어나지 않을 것입니다. 문제가 무엇인지 모르겠다면 수행하기 싫은 마음을 어떻게든 이겨내는 방법밖에 없습니다. 자리에 앉아, 수행하기 싫은 마음을 깨어 있는 마음으로 관찰하십시오. 그러면 그 마음도 사라질 것입니다.

만약 명상하기 싫은 마음이 습관적으로 계속 일어난다면 수행에 임하는 당신의 기본 태도에 문제가 있는지 모릅니다. 명상은 반드시 특정 자세로 해야 하는 의식(儀式)이 아닙니다. 명상은 고통스러운 훈련도, 지루함을 억지로 견디는 시간도, 무겁고 엄숙한 의무도 아닙니다. 그런 식으로 보기보다 명상을 일종의 놀이로 생각하십시오. 명상은 당신의 친구입니다. 명상을 친구로 대하면 명상하기 싫은 마음이 연기처럼, 한여름의 아지랑이처럼 사라질 것입니다.

만약 이 방법들을 모두 시도했음에도 수행하기 싫은 마음이 계속 일어난다면 다른 문제가 있을 수 있습니다. 알 수 없는 다른 문제가 있을 수 있는데 그것은 이 책에서 다루는 범위를 넘어섭니다. 처음 명상을 시작하는 사람들이 이런 문제에 봉착하는 일은 흔치 않습니다만 어쨌든 일어날 수 있습니다. 그렇더라도 포기하지 말고 자격 있는 주변의 위빠사나 명상 지도자에게 도움을 구하십시오. 그들은 지금 당신이 처한 문제를 해결하도록 도움을 줄 것입니다.

명상은 고통스러운 훈련도,
지루함을 억지로 견디는 시간도,
무겁고 엄숙한 의무도 아닙니다.

명상을 놀이로 생각하십시오.
명상은 당신의 친구입니다.

명상을 친구로 대하면
명상하기 싫은 마음도 사라질 것입니다.

19

주의 산만을 다루는
마음 전략

명상 수행자라면 수행 중에 주의가 딴 곳으로 달아나는 경험을 하게 됩니다. 주의가 달아날 때 이것을 다루는 실제적인 방법들이 전해져 옵니다. 이 방법들은 개별적으로 사용할 수도 있고, 함께 사용해도 좋습니다. 적절히 사용하면 마음이 이곳저곳으로 달아나는 '원숭이 마음'에 대처하는 효과적인 수단이 될 것입니다.

방법 ❶ 주의가 달아날 때면 그것을 관찰하라

호흡에 집중하던 중에 주의가 딴 곳으로 달아나니

다. 문득 자신이 공상에 빠져 있었음을 깨닫습니다. 이때 방법은 당신이 어디에 빠져 있었든 상관없이, 온전히 주의를 기울여 호흡으로 다시 돌아오는 것입니다. 자신에게 이렇게 말해 보십시오. "괜찮아, 잠시 딴 곳에 마음이 가 있었어." 또는 "개 짖는 소리에 마음이 달아났어, 괜찮아." "돈 걱정을 하느라 거기 빠져 있었어, 괜찮아." 이 기법을 처음 연습할 때는 스스로에게 이렇게 말하도록 합니다. 이 방법이 익숙해지면 자신에게 이렇게 말하지 않고도 매우 빠르게 호흡으로 돌아올 수 있을 것입니다. 핵심은, 딴 곳으로 달아난 주의를 호흡으로 되가져오는 것입니다. 주의가 달아나는 현상을 탐구의 대상으로 삼아 그것이 얼마나 오래 지속되는지 살펴보십시오. 그럼으로써 생각에서 벗어날 수 있습니다. 주의가 달아나는 시간이 얼마나 오래 지속되는가는 중요하지 않습니다. 일단 주의 산만이 사라지면 모든 것을 내려놓고 호흡으로 돌아옵니다. 주의가 달아나는 시간을 '정확히' 잴 필요는 없습니다. 그것은 중요하지 않습니다.

방법 ❷ 깊고 강하게 호흡하라

마음이 한곳에 머물지 못하고 들떠 있을 때는 몇 차례 심호흡을 함으로써 마음챙김을 다시 확립할 수 있습니다. 공기를 강하게 들이마신 다음, 같은 방식으로 내려놓습니다. 이 방법은 콧구멍 안쪽의 감각을 키워 집중을 더 수월하게 합니다. 의지력을 발동해 당신이 기울이는 주의에 힘을 실어 보십시오. 호흡에 온전히 주의가 머물도록 해 보십시오.

방법 ❸ 수를 세라

호흡의 수를 세는 것은 전통적인 방법입니다. 어떤 수행 종파에서는 이것을 주요 수행법으로 가르칩니다. 위빠사나에서는 마음챙김을 다시 확립하고 집중을 강화시키는 보조적인 방법으로 이것을 사용합니다. 앞서 8장에서 살펴보았듯이 호흡의 수를 세는 방식은 여러 가지가 있습니다. 중요한 것은 계속해서 호흡에 주의를 머무는 것입니다. 호흡의 수를 세면 무언가 바뀌는 것을 관찰할 수도 있습니다. 즉, 호흡이 느려질 수도 있고 매우 가볍고 미세해질 수도 있습니다. 이것은 집중력이 확립되었다는 생리적 신호입니다. 이 시점에서 호흡이 매우 가볍고 부드러워져 들숨과 날숨이 분명히 구분되지 않을 수도 있습니다. 들숨과 날숨이 뒤섞인 것처럼 느껴질 수도 있습니다. 이럴 때는 들숨과 날숨을 묶어 하나로 셉니다. 호흡의 수를 세는 과정을 계속하면서 다섯까지 센 뒤 처음부터 반복합니다. 수를 세는 것이 번거롭다면 다음 단계로 넘어갑니다. 수는 내려놓고 들숨과 날숨이라는 개념도 잊어버립니다. 호흡의 순수한 감각 속으로 풍덩 들어갑니다. 들숨이 날숨으로 섞여 들어갑니다. 한 호흡이 다음 호흡에 섞여 들어갑니다. 한 호흡이 다음 호흡으로 섞여 들며 순수하고 부드러운 흐름이 끊임없이 이어집니다.

방법 ❹ 들숨-날숨 방법

이것은 호흡의 수를 세는 방법의 대안으로, 방법은 동일합니다. 호흡으로 주의를 향해 '들숨 … 날숨' 또는 '듦 … 남' 등으로 호흡의 매 주기에 명칭을 붙이는 것입니다. 들숨, 날숨 등의 개념이 더 이상 필요하지 않을 때까지 계속해서 수를 센 다음, 그것을 내려놓습니다.

방법 ❺ 수행의 목적을 되새기라

어떤 것이 불현듯 마음에 떠오를 때가 있습니다. 단어, 구절, 문장이 특별한 이유 없이 무의식에서 불쑥 튀어나옵니다. 대상이 나타납니다. 그림이 그려졌다 사라집니다. 이렇게 되면 마음이 한 대상에 안정적으로 머물 수 없습니다. 지금 당신의 마음은 거센 바람에 펄럭이는 깃발과 같습니다. 바다의 파도처럼 밀려왔다 밀려갑니다. 이럴 때는 당신이 지금 자리에 앉아 있는 목적이 무엇인지 또렷이 되새겨 봅니다. 자신에게 이렇게 말해도 좋습니다. '이런 생각에 시간을 낭비하려고 앉아 있는 게 아냐. 모든 생명체가 공통으로 갖고 있는 호흡에 마음을 집중하려고 앉는 거야.' 어떤 때는 이 문장을 마치기도 전에 마음이 안정될 수 있습니다. 또 어떤 때는 몇 차례 이 문장을 외고 나서야 호흡에 다시 집중할 수 있습니다.

방법 ❻ 한 가지 생각을 다른 생각으로 대체하라

어떤 생각은 잘 사라지지 않습니다. 우리 인간은 집착하는 존재입니다. 우리는 성적 환상, 걱정, 야망 같은 것에 집착하는 성향이 있습니다. 특별히 할 일이 없을 때 우리는 그 생각들을 만지작거리며 오랜 시간 그 생각들에 힘을 싣습니다. 그러다 명상하려고 자리에 앉아서는 그런 생각들이 저절로 사라지기를 바랍니다. 생각이 우리를 가만히 놓아두기를 명령합니다. 그러니 그들이 우리의 명령을 따르지 않는 것도 이상하지 않습니다. 잘 사라지지 않는 생각들은 더 직접적인 방법이 필요합니다. 그것은 정면으로 다루어야 합니다.

불교 심리학에서는 우리에게 일어나는 생각을 구분하는 특별한 방법을 발달시켰습니다. 그것은 '능숙한 생각'과 '능숙하지 못한 생각'으로 구분하는 방법입니다. 능숙하지 못한 생각은 탐욕, 성냄, 어리석음을 일으키는 생각을 말합니다. 이런 생각들은 집착으로 이어지기 쉬운 마음 상태입니다. '능숙하지 못한' 생각이라고 부르는 이유도 우리를 고통에서 벗어나는 목표에서 멀어지게 만들기 때문입니다. 한편, 능숙한 생각은 베풂, 연민심, 지혜와 관련된 생각입니다. 능숙한 생각은 능숙하지 못한 생각에 대한 특별한 처방으로 사용됩니다. 능숙한 생각은 우리가 고통에서 벗어남을 향해 나아가도록 돕습니다.

고통에서 벗어나는 데 필요한 조건을 인위적으로 만들어낼 수는 없습니다. 고통에서 벗어남은 '생각'으로 만들어지는 상태가 아닙니다. 벗어남을 가능하게 하는 개인적인 마음 자질도 인위적으로 그 조건을 마련할 수 없습니다. 자애에 관한 '생각'을 일으킨다고 해서 그것이 진짜 자애는 아닙니다. 그렇게 일어난 자애는 언제든 사라질 수 있습니다. 연민에 관한 '생각' 또한 피상적인 연민심을 일으킬 뿐입니다. 능숙한 생각은 그 자체로는 우리를 덫에서 벗어나게 하지 못합니다. 능숙한 생각은 능숙하지 못한 생각이라는 '독'의 해독제로 사용되는 한에서만 능숙하다고 할 수 있습니다. 베풂에 관한 생각은 일시적으로 탐욕을 잠재웁니다. 마음챙김이 자신의 역할을 다하도록 탐욕을 잠시 카펫 아래로 밀어 넣는 것과 같습니다. 그러다 마음챙김이 에고 작용의 뿌리까지 닿을 때 탐욕이 연기처럼 사라지면서 참된 관대함이 일어납니다.

이 원칙은 일상의 명상에도 적용할 수 있습니다. 특정 종류의 집착하는 마음이 당신을 괴롭힐 때면 그에 반대되는 마음을 일으키는 방법으로 그것을 잠재울 수 있습니다. 가령 당신은 찰리가 무척 싫습니다. 명상을 하려고 자리에 앉았는데, 당신을 잡아먹을 듯한 그의 얼굴이 계속 마음에 떠오릅니다. 이럴 때는 찰리를 향해 사랑과 우정의 마음을 보내 봅니다. 또는 그가 가진 좋은 면을 떠올려 봅니다. 그러면 찰리에 관하여 당신의 마음속에 즉각 떠오르는 좋지 않은 이미지들이 사라질 것입니다. 그런 다음에 명상을 계속합니다.

어떤 때는 이 방법으로 되지 않을 때가 있습니다. 집착하는 마음이 너무 강한 때입니다. 이때는 집착하는 마음이 당신에게 휘두르는 영향을 어느 정도 약화시킨 다음에야 균형을 잡을 수 있습니다. 이때 죄책감이 나름의 역할을 합니다. 당신이 제거하려고 하는 감정 반응을 제대로 들여다보십시오. 그것에 관해 곰곰이 생각해 보십시오. 그 감정 반응을 일으킬 때 당신에게 어떤 느낌이 드는지 보십시오. 그 감정 반응이 당신의 삶과 행복, 건강, 인간관계에 어떤 영향을 주는지 보십시오. 당신이 다른 사람들에게 어떻게 보이도록 만드는지 보십시오. 당신이 고통에서 벗어남을 나아가는 과정에서 그 감정 반응이 어떻게 방해가 되는지 보십시오.

고대의 경전은 이 과정을 매우 철저히 밟도록 권합니다. 집착하는 마음이 강하게 일어날 때는 죽은 시신이나 썩어가는 동물의 시체를 목에 걸 때 느껴지는 혐오감을 일으키라고 합니다. 이 단계를 밟으면 문제는 저절로 사라질 것입니다. 만약 그렇게 하더라도 집착하는 마음이 사라지지 않는다면 다시 한 번 그것과 반대되는 마음을 일으켜 남아 있는 집착을 제거합니다.

탐욕에 관한 생각은 물질적 이익에 관한 노골적인 욕심에서부터 도덕적인 사람으로 존경받고 싶은 미묘한 욕심까지 다양합니다. 증오에 관한 생각은 사소한 옹졸함에서부터 사람을 죽일 정도의 분노에 이르기까지 폭이 매우 넓습니다. 어리석음도 백일몽에서부터 완전한 환각에 이르기까지 모든 것이 포함됩니다.

관대함은 탐욕을 잠재웁니다. 자애와 연민심은 증오를 잠재웁니다. 잠시만 생각해 보아도 당신을 불편하게 하는 생각을 잠재울 반대 생각을 찾을 수 있습니다. 그러나 그 생각을 일으키는 데 그쳐서는 안 됩니다. 그것 자체가 목적이 아닙니다. 당신의 진짜 목적은 그 생각을 이겨낸 뒤 명상 수행으로 돌아가는 것입니다.

당신은 명상을 하려고 자리에 앉았습니다. 호흡의 흐름을 잘 따라갑니다. 듦, 남, 들숨, 날숨… 이렇게 당신은 호흡을 알아차리고 있습니다. 평온하고 고요합니다. 집중이 잘 되어 있습니다. 좋습니다. 그러다 갑자기 마음에 이런 생각이 떠오릅니다. '아이스크림을 먹고 싶어.' 이것은 분명, 딴 데로 주의가 달아난 것입니다. 예상했던 일이 아닙니다. 당신은 주의가 딴 데로 달아난 것을 관찰하고는 호흡으로 돌아옵니다. 들고 나는 부드러운 호흡의 흐름으로 다시 돌아옵니다. 잠시 뒤 또 다른 생

주의가 딴 곳으로 달아나더라도
거기에 걸려들지 않은 채
관찰하는 것이 중요합니다.

일어나는 생각을
'적'으로 간주하지 마십시오.

무언가를 바꾸고자 할 때
가장 먼저 해야 할 일은,
있는 그대로 보는 것입니다.

각이 일어납니다. '가스 요금을 납부했던가?' 또 다시 주의가 딴 데로 달아났습니다. 이 생각 또한 관찰한 당신은 다시 호흡으로 돌아옵니다. 들숨, 날숨 … 이번에는 이런 생각이 일어납니다. '신작 영화가 상영 중이라지. 화요일 저녁에 가서 봐야지. 아냐, 화요일은 안 돼. 수요일에 할 일이 많으니까. 목요일이 낫겠어…' 또 다시 주의가 딴 곳으로 달아났습니다. 당신은 이 생각에서 주의를 거두어 다시 호흡으로 돌아옵니다. 그러나 호흡으로 돌아오자마자 머릿속에 이런 목소리가 재잘거립니다. '허리가 아파 죽겠어.' 이런 식으로 호흡이 아닌 딴 곳으로 주의가 달아나는 일이 계속됩니다. 그런데 이것은 지극히 자연스러운 현상입니다.

핵심은 주의가 딴 곳으로 달아나더라도 거기에 걸려들지 않은 채 관찰하는 법을 익히는 것입니다. 우리가 자리에 앉아 명상을 하는 이유도 그것입니다. 일어나는 생각을 없애야 하는 '적'으로 간주하지 마십시오. 일어나는 생각은 지금 일어나고 있는 실재입니다. 무언가를 바꾸고자 할 때 가장 먼저 해야 할 일은, 일어나고 있는 일을 있는 그대로 보는 것입니다.

자리에 앉아 처음으로 호흡에 집중하다 보면 마음

이 실제로 매우 분주하다는 사실에 놀랄 것입니다. 마음이 널을 뜁니다. 아무렇게나 방향을 휙휙 틉니다. 한자리를 계속 맴돌기도 합니다. 마음은 수다를 지껄이기도 합니다. 생각에 빠지기도 합니다. 온갖 환상과 몽상을 지어냅니다. 그런 것에 너무 예민하게 반응하지 마십시오. 자연스러운 현상입니다. 마음이 명상 대상에서 벗어나 딴 데로 떠돌 때는 주의가 달아나는 현상을 단지 마음챙김으로 관찰하십시오.

이제 중요한 명상 규칙에 대해 이야기하겠습니다. 어떤 마음 상태이든 그것 때문에 명상 대상이 아닌 다른 대상으로 주의가 달아난다면, 주의가 달아난 그 대상에 잠시 주의를 기울여 봅니다. 주의가 달아난 대상을 '일시적으로' 명상 대상으로 삼습니다. '일시적으로'라는 말을 기억하십시오. 매우 중요합니다. 명상을 하는 중에 주의 기울임의 대상을 호흡이 아닌 다른 것으로 계속 바꾸라는 말이 아닙니다. 3초마다 새로운 명상 대상을 택하라는 말이 아닙니다. 호흡을 주의 기울임의 주대상으로 두어도 딴 대상으로 주의가 달아난다면 그 대상이 무엇인지 알 수 있을 만큼만 거기에 주의를 기울이라는 뜻입니다. 지금 당신의 주의를 흩트리는 대상은 무엇입니까? 그것은 얼마나 강한 힘을 갖고 있습니까?

지금 당신의 주의를
흐트리는 대상은 무엇입니까?

그것은 얼마나 강한 힘을 갖고 있습니까?
얼마나 오래 지속됩니까?

이 질문들에 대해 속으로 대답한 다음
호흡으로 주의를 돌립니다.

얼마나 오래 지속됩니까? 이것을 알기 위해 그 대상으로 주의를 옮기는 것입니다.

이 질문들에 대해 마음속으로 대답해 보십시오. 이렇게 해서 주의가 딴 곳으로 달아나는 현상에 대한 조사를 마쳤다면 이제 호흡으로 주의를 되돌립니다. 앞의 질문을 던지는 목적은 주의가 달아나는 현상이 어떤 성격을 갖는지에 관한 통찰을 얻기 위해서입니다. 그런 통찰을 통해 주의가 달아나는 현상에서 벗어날 수 있습니다. 주의가 달아나는 현상에 더 단단히 걸려들게 하려는 것이 아닙니다.

주의가 딴 곳으로 달아날 때 위의 질문을 던지면 그로부터 거리를 두고 정신적으로 한 발 물러나 객관적으로 바라볼 수 있습니다. 생각과 느낌을 조사의 대상으로 삼기 위해서는 생각하는 과정과 느끼는 과정을 멈춰야 합니다. 이렇게 생각과 느낌을 관찰하고 조사하는 과정 자체가 마음챙김 훈련입니다. 다시 말해 대상과 엮이지 않고, 한발 떨어져 대상을 알아차리는 것입니다. 그렇게 알아차린 다음 호흡으로 돌아갑니다.

소리, 신체감각, 감정, 공상 등 어떤 대상이든 당신

의 주의를 달아나게 할 수 있습니다. 그것이 무엇이든, 억누르지 마십시오. 억지로 마음에서 밀어내지 마십시오. 그럴 필요가 없습니다. 그저 단순하게 주의를 기울이며 깨어 있는 마음으로 관찰하십시오. 주의가 딴 곳으로 달아나더라도 침묵으로 가만히 지켜보면 주의가 달아나는 현상은 절로 사라질 것입니다. 주의가 달아났다고 해서 자신을 질책하지 마십시오. 주의가 흐트러지고 달아나고 산만해지는 것은 극히 자연스러운 현상입니다. 그것은 일어났다 사라집니다. 주의가 딴 곳으로 달아날 때마다 호흡으로 다시 돌아오십시오.

그럼에도 어쨌든 자신을 비난하는 당신을 보게 될 수도 있습니다. 그러나 이런 자기 비난 또한 자연스러운 현상입니다. 자기를 비난하는 과정 자체를 주의가 달아난 또 다른 현상으로 관찰합니다. 그런 다음, 호흡으로 돌아옵니다. 가령, 다음 과정을 순서대로 관찰합니다. 당신은 호흡을 합니다. 계속 호흡을 하는 중에, 주의를 흩뜨리는 생각이 일어납니다. 그렇게 달아난 생각 때문에 좌절감이 생기고, 그러면서 자신을 비난하는 생각이 연달아 일어납니다. 이런 때는 '자기 비난'을 관찰 대상으로 삼습니다. 그런 다음, 호흡으로 돌아옵니다. 호흡, 지금 이 호흡으로 반복해서 돌아옵니다. 호흡은 매우 자

중요한 것은,
당신에게 일어나는 일을
당신 뜻대로 통제하는 것이 아닙니다.

당신에게 일어나는 일을
단순하게 알아차리는 것이
가장 중요합니다.

마음에 어떤 일이 일어나든
마음챙김을 계발하는
또 한 번의 기회로 삼아야 합니다.

연스럽고, 부드러운 흐름의 주기를 갖습니다. 비결은 물론, 인내입니다.

주의 산만을 단순하게 관찰한 다음, 호흡으로 돌아가십시오. 산만한 생각에 맞서 싸우지 마십시오. 긴장하거나 애쓰지 마십시오. 그것은 에너지 낭비입니다. 주의 산만을 이겨내려고 쏟는 에너지는 어느 것이나 더 복잡한 생각 속으로 흘러들어가 그것의 힘을 더 키우고 맙니다. 산만한 생각을 마음에서 억지로 밀어내려 하지 마십시오. 결코 이길 수 없는 싸움입니다.

이때 마음챙김은 주의 산만의 힘을 약화시키는 기능을 합니다. 탄약 전문가가 폭탄의 뇌관을 제거하는 것과 같습니다. 사소한 주의 산만이라면 마음챙김으로 간단하게 관찰하는 것만으로 힘을 잃을 것입니다. 알아차림의 빛을 비추면 작은 주의 산만은 사라집니다. 그러나 뿌리 깊이 습관이 되어 버린 생각 패턴이라면 지속적이고 반복적으로 마음챙김을 기울여야 합니다. 그래야만 그것이 휘두르는 힘이 약해질 것입니다. 사실, 주의 산만은 종이호랑이와 같아서 그 자체로는 아무런 힘이 없습니다. 계속해서 먹이를 주지 않으면 살지 못하고 죽습니다. 당신 스스로 두려움과 분노, 탐욕이라는 먹이를 주지 않으면 주의 산만이라는 종이호랑이는 지속되지 못하고 사라질 것입니다.

중요한 것은, 당신에게 일어나는 일을 당신의 뜻대로 통제하는 것이 아닙니다. 무엇이 되었든 당신에게 일어나는 일을 단순하게 알아차리는 것이 가장 중요합니다. 당신의 마음에 어떤 일이 일어나든 그것을 마음챙김을 계발하는 또 한 번의 기회로 삼아야 합니다. 호흡은 우리가 절대적으로 주의를 기울여야 하는 대상이 아닙니다. 다만 주의 기울임의 주 대상으로 우리가 임의로 선택한 것일 뿐입니다. 우리는 주의 산만을 이차적인 주의 기울임의 대상으로 삼을 수 있습니다. 주의 산만 역시 호흡만큼이나 실재하는 현실이라는 점에서 그렇습니다.

호흡을 알아차려도 좋고, 주의산만을 알아차려도 좋습니다. 당신의 마음이 고요하고 집중이 튼튼한 상태를 알아차려도 좋고, 집중이 너덜너덜하며 마음이 완전히 난장판인 상태를 알아차려도 상관이 없습니다. 이 모든 것이 마음챙김입니다.

수행의 다섯 가지 장애물

주의산만은 온갖 크기와 모양, 색깔로 나타납니다. 주의
산만을 전통적으로 '수행의 장애물'이라고 부릅니다. 수
행에서 마음챙김과 집중이라는 두 요소의 계발을 방해
하기 때문에 '장애물'이라고 부릅니다. '장애물'이라고
부르긴 해도 그것을 억누르거나 피하거나 비난해야 하
는 것은 아닙니다. 우리가 할 일은 다섯 색깔의 수행의
장애물을 있는 그대로 보고, 그것의 특성에 따라 적절히
다루어 주는 것입니다.

명상을 하는 중에 멋진 경험이 일어나 그것으로 마음이 달아났다고 합시다. 그것은 즐거운 공상일 수도 있고 자부심이나 자존감의 느낌일 수도 있습니다. 아니면 사랑의 생각이나 명상 경험 자체에 따라오는 지극한 신체적 행복감일 수도 있습니다. 무엇이든 그 다음에는 욕망의 상태가 일어날 수 있습니다. 당신이 생각하고 있는 그것을 얻고자 하는 욕망, 당신이 지금 하고 있는 그 경험을 더 오래 하고 싶은 욕망일 수도 있습니다. 어떤 욕망이건 당신은 그것을 다음 방법으로 다루어야 합니다.

생각과 욕망이 일어나면 일어나는 그 순간, 그것을 관찰합니다. 욕망이 일어나는 그 상태를 별개의 대상으로 관찰합니다. 욕망의 세기가 정확히 어느 정도인지, 얼마나 오래 지속되는지 그리고 언제 마침내 사라지는지 관찰합니다. 그렇게 관찰한 다음, 호흡으로 주의를 가져옵니다. 이때 주의할 것은, 평소 우리가 바람직하고 고귀하게 여기는 대상에 대해서도 갈망과 탐욕이 일어날 수 있다는 사실입니다. 더 완벽한 사람이 되고 싶은 욕망이 일어날 수도 있고 더 큰 공덕을 지으려는 갈망을 느낄 수도 있습니다. 명상 경험 자체에 따라오는 지극한 행복감에 집착하기도 합니다. 이런 고상한 느낌으로부터 거리를 두기란 쉬운 일이 아닙니다. 그것은 어쩌면 더 큰 탐욕인지 모릅니다. 더 큰 만족을 향한 욕망, 현재 순간이라는 실재를 무시하는 영리한 방법일 수도 있습니다. 그러나 고상해 보이는 욕망이 일어나더라도 그것을 관찰한 다음, 호흡으로 돌아오십시오.

혐오

당신의 마음이 부정적인 경험을 향해 달아났다고 합시다. 이때 부정적인 경험은 당신이 두려워하는 대상일 수도 있고, 쉬 사라지지 않는 걱정일 수도 있습니다. 아니면 죄책감이나 우울한 기분, 또는 신체적 통증일 수도 있습니다. 그 생각과 감각의 실제 내용이 무엇이든 상관없이 당신은 아마도 그것을 거부하거나 억누르고 있을 것입니다. 당신은 그 경험을 회피하고 그것에 저항하며 그것을 부정하고 있습니다. 이때에도 대처법은 동일합니다. 즉, 그 생각과 감각이 일어나는 것을 지켜보는 것입니다. 또 그와 함께 그것을 거부하고 있는 자신의 상태도 관찰합니다. 그 거부감이 어느 정도인지 재어 봅니다. 거부감이 얼마나 오래 지속되는지 또 언제 사라지는지 지켜봅니다. 그런 다음 호흡으로 다시 주의를 가져옵니다.

무기력

　무기력한 느낌은 살짝 무기력한 느낌에서부터 지극한 무기력감에 이르기까지 다양한 강도로 나타납니다. 그런데 여기서 말하는 '무기력'이란 신체적 상태가 아니라 정신적 상태입니다. 졸림이나 신체적 피로감은 여기서 말하는 무기력과 완전히 다르며, 그것은 불교의 분류법에 따르면 '신체적 느낌'에 속합니다. 여기서 말하는 정신적 무기력은 불쾌한 대상을 회피하려는 영리한 전략이라는 점에서 혐오의 마음과 밀접히 연관됩니다. 무기력은 정신 기관의 전원을 끄는 것과 같습니다. 감각과 인지의 예민성을 무디게 만드는 것입니다. 무기력을 다루기란 쉽지 않습니다. 무기력이 일어나는 상태는 마음챙김을 일으키는 상태와 정반대이기 때문입니다. 무기력과 마음챙김은 정반대입니다. 그렇지만 무기력이라는 장애물에 대한 해결책 역시 마음챙김입니다. 무기력이 일어날 때의 대처법도 다른 장애물을 다루는 경우와 동일합니다. 즉, 무기력한 마음이 일어나면 그 상태를 관찰합니다. 그것의 세기를 알아봅니다. 무기력이 일어나는 때를 알아보고 그것이 얼마나 오래 지속되는지, 언제 사라지는지 관찰합니다. 무기력을 다룰 때 중요한 점은 무기력이 일어나는 순간 그것을 최대한 빨리 알아차리는 것입니다. 무기력이 주도권을 쥐도록 버려두면 당신이 일으키려는 마음챙김의 힘을 넘어서 버릴 것입니다. 무기력이 이기면 그 결과로 마음이 가라앉고 심지어 잠에 빠질 수도 있습니다.

불안

불안과 걱정은 마음이 흔들리는 상태가 겉으로 드러난 상태입니다. 지금 당신의 마음은 한곳에 머물지 못한 채 이곳저곳 헤매고 있습니다. 불안한 느낌이 주된 요소가 되었습니다. 마음이 끊임없이 여기저기 돌아다닙니다. 이 상태에 대한 처방 역시 다른 장애물의 경우와 기본적으로 동일한 순서를 따릅니다. 불안은 특정한 느낌을 의식에 일으킵니다. 그것을 불안의 맛이나 질감이라고 불러도 좋습니다. 무엇이라고 부르건, 불안한 느낌은 분명하게 구분 가능한 특성으로 지금 존재하고 있습니다. 그 특성을 찾아보십시오. 찾았다면 그것이 얼마나 많이 존재하고 있는지 관찰하십시오. 불안한 느낌이 일어날 때 그것을 관찰하십시오. 얼마나 오래 지속되는지, 언제 사라지는지도 지켜보십시오. 그런 다음 호흡으로 주의를 되돌립니다.

의심

의심이라는 경험도 그 자체의 고유한 느낌을 의식

에 일으킵니다. 의심은 사막 한가운데서 헤매거나 표지판 없는 갈림길에 이르렀을 때 느껴지는 느낌입니다. 어느 길을 가야 할까요? 알 수 없어 그 자리에 선 채 오락가락 할 뿐입니다. 명상 수행 중에 의심은 흔히 다음과 같은 내면의 중얼거림으로 모습을 나타냅니다. "내가 지금 여기 앉아 뭘 하고 있지? 이렇게 한다고 해서 정말로 뭔가 얻는 게 있을까? 물론 그럴 거야. 내게 유익한 일이야. 책에 그렇게 나와 있어. 아냐, 이건 미친 짓이야. 쓸데없는 시간 낭비야. 아니지, 포기하면 안 돼. 하겠다고 했으니 해야지. 아니, 내가 너무 융통성이 없는 건지도? 모르겠어. 정말로." 의심이라는 덫에 걸리지 않도록 하십시오. 의심은 지금 당신의 마음에서 일어나고 있는 일을 알아차리지 못하게 가리는 연막과 같습니다. 의심을 다루는 방법은 이처럼 오락가락하는 마음 상태를 관찰의 대상으로 단순하게 알아차리는 것입니다. 한 발 물러나 의심을 바라보십시오. 의심이 얼마나 강한지 보십시오. 의심이 언제 일어나며 얼마나 오래 지속되는지 살펴보십시오. 의심이 사라지는 것도 지켜보십시오. 그런 다음 호흡으로 다시 돌아가십시오.

어떤 의미에서 수행의 장애물을 다루겠다는 동기를 갖기란 어려운 일이 아닙니다. 수행의 장애물이 '문제'임을 알아보는 것은 힘든 일이 아니니까요. 어려운 것은 명상 수행을 할 때 함께 따라오는 '긍정적인' 마음 상태입니다. 행복감, 평화, 내면의 충만감, 공감, 모든 존재에 대한 연민심 같은 것 말입니다. 이런 마음 상태는 너무도 달콤하고 자비로워 그것으로부터 일정한 거리를 두기란 쉽지 않습니다. 만약 당신이 이런 마음 상태에서 일정한 거리를 두고자 한다면, 자신을 인간이 겪고 있는 고통에 대한 배반자라고 느낄지도 모릅니다.

그러나 그렇게 느낄 필요가 없습니다. 우리는 이런 마음 상태를 거부할 필요가 없습니다. 로봇이 될 필요도 없습니다. 아무리 자비롭다 해도 그것 또한 일종의 마음 상태임을 알아보면 됩니다. 그 마음 상태들도 왔다 갑니다. 일어났다 사라집니다. 명상 수행을 계속하다 보면 긍정적인 마음 상태가 더 자주 일어날 것입니다. 이때 중요한 것은 그런 마음 상태에 집착하지 않는 것입니다. 그것이 일어났을 때 단지 일어났다고 알면 됩니다. 그 것이 무엇인지, 얼마나 강한지, 얼마나 오래 지속되는지 관찰하면 됩니다. 그런 다음 그것이 사라지는 것 또한 관찰합니다. 그것은 당신의 마음이라는 우주에 펼쳐지는 또 하나의 공연일 뿐입니다.

이로써 우리는 우리에게 일어나는 어떤 마음 상태 라도 그것을 다루는 일반 원칙에 대해 알게 됩니다. 그 것은 너무도 간단한 원칙인지 모릅니다. 통증, 행복감, 지루함 등 어떤 상태이든 자연스럽고 순수한 상태에서 일어나는 순간, 그것을 관찰하는 것입니다. 그러나 간단 하다고 해서 쉽다는 의미는 아닙니다.

명상 수행으로 경험하는
긍정적인 마음 상태에
집착하지 않는 것이 중요합니다.

그것이 일어났을 때
단지 '일어났다'고 알면 됩니다.

그것이 무엇인지, 얼마나 강한지,
얼마나 오래 지속되는지,
어떻게 사라지는지 관찰하면 됩니다.

우리에게 일어나는
모든 마음 상태를 다루는 일반 원칙은
그것이 일어나는 순간에
관찰하는 것입니다.

아주 간단합니다.
그러나 간단하다고 해서
쉽다는 의미는 아닙니다.

인간의 마음은 자신에게 일어나는 현상을 개념화
하고자 합니다. 그리고 이를 위한 영리한 방법을 발달시
켰습니다. 지극히 단순한 감각에 대해서도 우리가 지어
내는 개념적 사고가 그것입니다. 개념화는 은밀하고 영
리한 과정입니다. 그것은 어느 순간 당신의 경험 속에
파고들어 지배권을 거머쥡니다. 만약 수행 중에 소리가
들려오면 그 소리를 개념화하지 않고 단지 '듣는다'는
경험에 순수하게 주의를 기울여 보십시오. 오직 그렇게
만 하십시오. 지금 당신에게 실제로 일어나고 있는 일은
너무나 단순한 나머지, 그것을 놓치기가 매우 쉽습니다.

소리의 파동은 특정한 패턴으로 우리의 귀에 닿습
니다. 그것은 뇌에서 전기 자극으로 변환되어 우리의 의
식에 일정한 소리 패턴을 만들어냅니다. 이것이 전부입
니다. 마음이 그리는 '그림'도, 만들어내는 '영화'도 없
습니다. 개념도 없습니다. 그 질문에 관한 내면의 대화
도 없습니다. 그저 소리의 파동만이 존재할 뿐입니다.
실재는 이토록 단순하며 꾸밈이 없습니다.

그러므로 이제부터 소리가 들려올 때면 소리를 듣
는 과정 자체를 알아차려 보십시오. 그 밖의 모든 것은
우리가 덧붙인 머릿속의 수다에 불과합니다. 그것을 내

려놓으십시오. 이 방법은 소리뿐 아니라 신체감각과 감정 등 당신의 모든 경험에 적용할 수 있습니다. 자신의 경험을 가만히 들여다보십시오. 켜켜이 쌓인 정신의 장식물을 들어낸 뒤 그것이 무엇인지 보십시오. 그것이 얼마나 단순하고 아름다운지 알면 당신은 놀랄 것입니다.

수많은 감각이 동시에 일어나는 때도 있습니다. 가령, 두려운 생각이 일어나더니 그와 함께 위장이 쑤시고 허리에 통증이 느껴지며 왼쪽 귓불이 가렵습니다. 그러나 이 대상, 저 대상으로 왔다 갔다 하지는 마십시오. 어떤 대상에 주의를 기울여야 할지 모른 채로 있지 마십시오. 이들 대상 중 어느 하나가 가장 강하게 당신의 주의를 당길 것입니다. 그저 마음을 열어 놓으면 그중 가장 끈질긴 녀석이 당신의 마음속으로 들어와 주의를 잡아당길 것입니다. 한동안 그 녀석에게 주의를 기울여 충분히 관찰하십시오. 그런 다음, 다시 호흡으로 돌아옵니다. 만약 다른 녀석이 당신의 마음을 비집고 들어오면 이번에도 녀석을 들여보내줍니다. 그렇게 녀석에게 주의를 기울여 살핀 다음에 다시 호흡으로 돌아옵니다.

그러나 일부러 '알아차림의 대상'을 찾지는 마십시오. 마음을 호흡에 두고 있으면 호흡 아닌 다른 대상이 자연스럽게 마음을 비집고 들어와 주의를 당길 것입니다. 이때 그 대상과 싸우지 않도록 합니다. 당신의 주의가 자연스럽게 그 대상으로 흘러가도록 놓아둡니다. 대상으로 흘러간 주의가 사라질 때까지 거기에 주의를 머뭅니다. 주의가 사라지면 다시 호흡으로 돌아옵니다. 그 외의 다른 신체적, 정신적 현상을 찾아다니지 마십시오. 그저 호흡으로 돌아옵니다. 호흡 외의 다른 현상이 다가오면 다가오도록 그냥 놓아둡니다.

호흡 아닌 다른 대상으로 주의가 달아나는 일은 자주 일어납니다. 당신이 아주 오랫동안 수행을 했더라도, 일정 시간 다른 대상으로 주의가 달아났음을 문득 깨닫는 경우가 있습니다. 그렇더라도 낙담하지 마십시오. 한동안 주의가 달아났다는 사실을 알아본 뒤, 호흡으로 돌아오면 됩니다. 부정적인 반응을 일으킬 필요는 조금도 없습니다. 주의가 딴 곳으로 달아났다는 사실을 알아보는 것 자체가 적극적인 알아차림입니다. 그렇게 알아보는 자체가 순수한 마음챙김을 연습하는 것입니다. 실제로, 마음챙김은 연습할수록 더 튼튼해집니다. 근육 운동과 비슷합니다. 근육을 움직일 때마다 조금씩 근육이 붙으면서 더 튼튼해집니다. 호흡이 아닌 딴 대상으로 주의가 달아났음을 알아보는 것 자체가 마음챙김의 힘이 더 커졌다는 의미입니다.

이 원칙을 당신이 경험하는 모든 마음 상태에 두루 적용해 보십시오. 물론 쉽지 않은 일입니다. 어쩌면 당신이 감당하는 일 가운데 가장 힘든 일일 수도 있습니다. 어쩌면 당신은 자신의 경험 가운데 어떤 것에 대해서는 이 방법을 기꺼이 사용하겠지만, 다른 경험에 대해서는 사용하고 싶지 않을지도 모릅니다.

그러나 마음챙김은 한쪽으로 치우치지 않는 주의 깊음입니다. 그것은 알아차림의 '내용'에 연연하지 않습니다. 어떤 대상이든 알아보고 인식할 뿐입니다. 마음챙김은 '좋은' 마음 상태에 홀딱 빠지지도 않고, '나쁜' 마음 상태를 비껴가지도 않습니다. 즐거운 것에 집착하지 않고, 불쾌한 것에서 달아나지 않습니다. 마음챙김은 모든 경험을 공평하게 대합니다. 당신에게 일어나는 모든 생각과 느낌을 똑같이 다룹니다. 어떤 것도 억누르지 않고, 억압하지 않습니다. 마음챙김은 어느 한쪽에 편들지 않습니다.

마음챙김은 그 자체로 순수하게 주의를 기울이는 것입니다. 동시에 마음챙김은 우리가 주의 기울임을 놓

마음챙김은
한쪽으로 치우치지 않는
주의 깊음입니다.

마음챙김은 알아차림의 '내용'에
연연하지 않습니다.
어떤 대상이든
알아보고 인식할 뿐입니다.

마음챙김은 '좋은' 마음 상태에
홀딱 빠지지 않고,
'나쁜' 마음 상태를
회피하지도 않습니다.

쳤을 때 다시 순수하게 주의를 기울이도록 떠올리는 기능도 합니다. 순수하게 주의를 기울인다는 것은 그저 알아보는 것입니다. 처음에 정한 대상에 마음이 가 있지 않다면 그저 그것을 알아보는 단순한 행위만으로 순수한 주의 기울임을 다시 확립할 수 있습니다. 처음의 대상을 '알아보지 못했음을 알아보는' 순간, 그 사실을 알아본 당신은 다시 순수하게 주의를 기울이는 상태가 됩니다.

이 연습을 삶의 모든 측면으로 가져가 보십시오. 진지한 수행자에게 허투루 낭비하는 시간이란 단 1초도 존재하지 않습니다. 하루 중 버려진다고 생각되는 시간도 얼마든 유익하게 활용할 수 있습니다. 남는 시간은 언제라도 수행에 사용할 수 있습니다. 초조하게 치과 진료를 기다리고 있다면 불안한 당신의 마음에 대해 명상하십시오. 은행에서 대기하는 중이라면 이런저런 들뜬 마음을 수행의 대상으로 삼아 보십시오. 버스 정류장에서 버스를 기다리는 동안에는 지루함을 수행의 재료로 삼아 수행하십시오. 이렇게 종일 깨어 있고 알아차리고자 노력하며 하루를 지내 보십시오. 귀찮게 느껴지더라도 지금 정확히 무슨 일이 일어나고 있는지 알아차리고자 노력해 보십시오.

혼자 있는 시간을 활용하십시오. 아무 생각 없이 기계적으로 하는 일상의 활동을 활용해 보십시오. 매순간을 알아차림의 기회로 사용하십시오. 모든 순간을 활용하십시오.

마지막 요소: 도덕적 행동

불교 수행에는 서로 분리할 수 없는 세 가지 요소가 있
습니다. 그것은 계율, 집중, 지혜 즉 계(戒), 정(定), 혜
(慧) 삼학(三學)이라는 것입니다. 이 세 가지 공부는 당신
의 수행이 깊어지면서 함께 커갑니다. 하나가 향상하면
다른 것도 향상한다는 점에서 이 세 가지는 별개가 아
니라 함께 닦는 것입니다. 어떤 상황을 진정으로 이해하
는 지혜가 생기면 그 상황과 관련된 모든 이를 향한 연
민의 마음이 자연스럽게 일어날 것입니다. 연민의 마음
이 일어난다는 것은 자신과 타인에게 해를 입히는 생각

과 말, 행동을 자제하는 능력이 커졌다는 의미입니다. 그러면 당신의 행동은 자연스럽게 더 도덕적인 행동이 됩니다. 우리가 문제를 일으키는 때는 어떤 것을 깊이 이해하지 못했을 때입니다. 당신의 행동이 어떤 결과를 가져올지 알지 못할 때 당신은 실수를 저지릅니다. 완벽한 도덕성을 갖춘 뒤에야 수행할 수 있다고 생각한다면, 결코 오지 않을 상황을 기다리는 것과 같습니다. 이런 사람을 두고 옛날의 현인들은 바다가 완전히 잠잠해진 뒤에야 수영을 하겠다고 생각하는 사람과 같다고 했습니다.

이 관계를 더 잘 이해하기 위해 도덕성에 세 단계가 있다고 생각해 보면 도움이 됩니다. 도덕성의 가장 낮은 단계는 다른 사람이 정해놓은 규칙을 따르는 것입니다. 그 사람은 당신이 따르는 예언가일 수도 있고, 국가나 종족의 우두머리 또는 당신의 부모님일 수도 있습니다. 누가 규칙을 만들었든 이 단계의 도덕성에서 당신이 해야할 일은 그 규칙에 대해 알고 그것을 따르는 것뿐입니다. 그런데 이것은 로봇도 할 수 있습니다. 규칙이 간단하다면, 그리고 규칙을 어길 때마다 매를 맞는다면 훈련 받은 침팬지도 할 수 있습니다. 이 단계의 도덕성은 수행이 전혀 필요하지 않습니다. 이 단계에서 필요한 것은 일정한 규칙과 매를 휘두를 누군가가 전부입니다.

다음 단계의 도덕성은 매를 때리는 누군가가 없어도 규칙을 지키는 것입니다. 이때 당신이 규칙을 지키는 이유는 그것이 당신 안에 내면화되었기 때문입니다. 규칙을 어길 때마다 당신은 스스로에게 매질을 합니다. 이 단계의 도덕성은 어느 정도의 정신적 제어가 필요합니다. 그러나 이 단계에서도 만약 당신의 생각이 혼란스럽다면 당신의 행동도 혼란스러울 것입니다. 이때 수행이 당신의 마음에 일어나는 혼란을 줄여줄 수 있습니다.

세 번째 단계의 도덕성은 '도덕'이라는 이름을 붙일 만한 것입니다. 그것은 앞의 두 단계를 훌쩍 뛰어넘어 완전히 다른 방향성을 갖습니다. 이 단계의 도덕성에 이른 사람은 다른 이가 정한 규칙을 기계적으로 따르지 않습니다. 그는 마음챙김과 지혜, 연민심이 가리키는 길을 따라 갑니다. 이 단계의 도덕성에서는 진정한 분별력이 요구됩니다. 이때의 분별력이란, 어떤 상황이든 그와 관련된 모든 요인을 헤아린 뒤 고유하고 창의적이며 적절하게 대응하는 능력을 말합니다. 더욱이, 이런 결정을 내리는 사람은 자신의 협소한 개인적 관점에서 벗어나야 합니다. 전체 상황을 객관적 관점에서 보아야 하며,

자신과 타인의 필요를 똑같이 존중해야 합니다.

　　다시 말해 그는 상대방의 입장을 헤아리지 못하게 가로막는 탐욕과 성냄, 질투 등 온갖 이기적인 성향에서 벗어나야 합니다. 그럴 때만이 그 상황에 진정으로 필요한 행동이 정확히 무엇인지 알 수 있습니다. 이 수준의 도덕성에 이르기 위해서는 절대적으로 수행이 필요합니다. 당신이 태어날 때부터 성자가 아니라면 말입니다. 수행이 아니고서는 이 단계의 도덕성을 터득할 수 없습니다. 더욱이 이 단계의 도덕성에서 필요한 마음의 처리 과정은 우리를 지치게 만들기에 충분합니다. 모든 상황과 관련된 모든 요인을 의식적으로 처리해야 한다면 우리의 정신에 과부하가 걸릴 것입니다. 의식적인 지성은 모든 일을 한 번에 처리하지 못합니다. 다행히 더 깊은 차원의 의식이 있습니다. 그리고 우리는 수행을 통해 수월하게 더 깊은 차원에서 마음의 처리 과정을 밟을 수 있습니다.

마음챙김을 돕는
말, 말, 말

아무리 쾌락과 성공을 추구해도 그것을 얻지 못하는 때가 있다.

아무리 고통에서 멀리 달아나려 해도 고통이 당신을 덮치는 때가 있다.

현재 순간은 너무도 빠르게 변화하므로 우리는 현재 순간의 존재를 전혀 알아보지 못한다.

행복감을 좇지 않을 때에만 행복감을 누릴 수 있다.

당신 스스로의 수행이 당신에게 진리를 드러내 보여줄 것이다. 당신 자신의 경험이 무엇보다 중요하다.

가치 있는 어떤 것이든 하룻밤에 얻어지지 않는다.

수행을 하기 전의 당신과 수행을 하고 난 뒤의 당신은 달라야 한다.

수행에서 아무것도 기대하지 말라. 그저 자리에 앉아 어떤 일이 일어나는지 지켜보라.

수행으로 어떤 결과가 일어날지 예단하지 말라.

애쓰지 말라. 무엇이든 억지로 하지 말고, 지나치고 부자연스러운 노력을 기울이지 말라.

편안한 마음으로 꾸준히 수행에 노력하라.

인생의 비극은 두 가지다. 하나는 원하는 것을 얻지 못하는 것, 또 하나는 원하는 것을 얻는 것이다.

쾌락에는 반드시 그만큼의 고통이 따르기 마련이다. 고통에도 반드시 그만큼의 쾌락이 따르기 마련이다.

마음챙김은 결코 지루하지 않다. 가만히 들여다보라!

일어나는 일은 일어나게 두라. 당신이 만나는 무엇이든 자신을 그에 맞추어라.

자신의 행동에 초점을 맞추라. 그렇게 자신의 행동에 책임을 지라.

사람과 물질, 생각과 믿음, 의견에 집착하는 습관을 내려놓으라.

생각하지 말라. 그저 보라.

고통(pain)은 피할 수 없지만 괴로움(suffering)은 피할 수 있다.

자신의 부족한 점을 부정하며, 불만족에 대해 세상을 탓한다면 계속 불행에 갇혀 사는 수밖에 없다.

자신이 처한 상황에 스스로 책임지는 순간, 당신은 긍정적으로 변화하기 시작한다.

경험의 본질은 변화이다. 변화는 끊임없이 일어나고 있다.

삶은 순간순간 흘러간다. 그리고 매순간 변화한다.

내려놓으라. 일어나는 모든 변화와 함께 흐르는 법을 배우라. 긴장을 풀고 마음을 편안하게 하라.

자신을 향해 습관적으로 사용하는 어떤 태도이든 우리는 타인에게도 그것을 적용하며 산다.

당신이 원하는 모든 것을 얻을 수는 없다. 다행히 다른 선택지가 있다. 마음을 다루는 법을 배울 수 있다는 사실이 그것이다.

명상은 현실 도피가 아니라, 현실 속으로 들어가는 것이다.

마음챙김을 통해 삶을 더 깊이 들여다볼 수 있다.

일어나는 어떤 일이든 받아들이라.

당신에게 일어나는 느낌을 받아들이라. 그것이 원치 않는 느낌일지라도.

당신에게 일어나는 경험을 받아들이라. 그것이 싫은 경험이라도.

당신이 인간으로서 갖고 있는 결점과 실수에 대해 자신을 비난하지 말라.

마음에 일어나는 모든 현상을 극히 자연스럽고 이해 가능한 것으로 보는 법을 배우라.

당신이 경험하는 모든 것을 평정한 마음으로 받아들이는 연습을 하라.

마음을 '바라보는' 것과 마음을 '통제하는' 것은 다르다.

부드럽고 열린 태도로 마음을 바라보라. 그럴 때 마음은 고요해지고 편안해진다.

마음을 통제하려 하면 그것은 더 들끓고 괴로움은 더 커진다.

명상은 자기 스스로 직접 관찰하는 것이다.

어떻게 보느냐에 따라 대상이 다르게 드러난다.

명상 수행에서 보는 대상은 자신이다. 어떻게 보느냐에 따라 당신이 다르게 드러난다.

자신을 부드럽게 대하라.

자신에게 친절하라.

당신은 완벽하지 않을지 몰라도 당신이 다룰 수 있는 대상은 그런 당신이 전부이다.

당신이 앞으로 어떻게 될 것인가는 지금의 당신을 있는 그대로 받아들이는 데서 시작한다.

무지는 축복일 수 있지만 우리가 괴로움에서 벗어나도록 이끌지는 못한다.

자신을 탐구하라.

모든 것에 의문을 품으라. 어떤 것도 당연하게 받아들이지 말라.

현명한 말로 들린다고 해서 믿지 말라. 당신 스스로 살펴보라.

순간순간 마음챙김을 한다면 후회할 행동을 피할 수 있다.

덫에서 벗어나는 방법은 덫 자체를 연구해 그것이 어떻게 만들어져 있는지 아는 것이다.

부정적인 일이 일어나면 그것을 배움과 성장의 기회로 삼으라.

기뻐하라. 뛰어들라. 탐구하라.

명상에는 절제와 자기 규율이 필요하다.

좋지 않은 시간을 보낼 때는 '좋지 않음'이라는 성질을 살펴보라. 그것을 알아차림으로 관찰하라. 그 현상을 탐구하며, 그 역동에 대해 배우라.

당신이 내뱉는 말을 지혜롭게 선택하라.

지나친 탐닉을 피하라.

주변 사람과 평화롭게 지내기 위해 노력하라.

단 1분이라도 눈을 감아보라. 느낌과 감정이 일어난 뒤 지속되다 사라지는 과정을 경험할 것이다.

다르마, 즉 법(法)은 우리가 기억하기만 하면 언제든 의지할 수 있는 쉼터와 같다.

마음챙김은 결코 유행을 타지 않는다. 마음챙김은 언제나 지금 이 순간을 관찰하는 것이다.

지금 바로 시작하는
마음챙김 명상

1판 1쇄 2024년 9월 13일

지은이 헤네폴라 구나라타나
옮긴이 조인숙, 이재석

펴낸곳 마음친구
펴낸이 이재석
주소 경기도 안양시 동안구 시민대로 230
　　　 평촌아크로타워 지니센터 D동 5361호
전화 031-478-9776
팩스 0303-3444-9776
이메일 friendsbook@naver.com
블로그 blog.naver.com/friendsbook
출판신고 제385-251002010000319호

ISBN 979-11-91882-12-4 (03190)